「売買」「金融」「設計」「法規」「修繕・管理」を網羅！

リノベーション・
コーディネーター
ハンドブック

一般社団法人リノベーション協議会 = 編著

リノベーションコーディネーター 資格制度（RCN）について

▼ 資格概要

リノベーションの実務を行ううえで、不動産・建築・金融・関連制度など幅広い知識が必要となります。リノベーションコーディネーター資格制度では、自由設計のリノベーションの設計・施工、物件探しから提供するワンストップサービス、あるいは買取再販などの業種・形態にかかわらず、リノベーション事業のなかで知っておくべき基礎知識を身につけることができます。

▼ 講座内容

この制度は、リノベーションに従事する宅建事業者、建築事業者、また将来リノベーションにかかわろうとしている方を対象としています。所属している企業や団体などでは習得しきれない、設計・施工、建築法規、不動産売買、金融、税制、そして、わが国が目指す循環型社会の在り方や各種制度を横断的に学べます。リノベーションに従事する人々が、「売って終わり」、「つくって終わり」ではなく、お客様の暮らしや地域、社会全体を俯瞰した提案ができるようになることを目指しています。本冊子の内容やそれに準じたオンライン講習会などを通して学び、資格試験を受験し、一定の理解度に至った方に資格を授与します。

▼ 受験資格

特になし

（宅建事業者、建築事業者、また将来リノベーションにかかわろうとしているすべての方）

▼ 試験開催日

毎年11月1日〜11月30日（予定）

（開催スケジュールや申込方法などは、当協議会のホームページで発表します）

▼ 受験申込から資格者登録までの流れ

試験応募 → 動画講習受講 → 受験（CBT方式＊） → 合格発表 → 資格登録 → 資格更新（3年）

＊ CBT方式とは：Computer Based Testing の略称で、全国47都道府県に300会場以上あるテストセンターのパソコンにて試験を実施する仕組みです。

▼ ホームページアドレス

https://plus.renovation.or.jp/r_coordinator/

▼ 問い合わせ先

一般社団法人リノベーション協議会　事務局　Mail：info@renovation.or.jp

はじめに

　リノベーション事業を手がけるなかで、私が意識してきたのは、単に家という箱をつくるのではなく、新築では提供できないもの、または提供しにくいものを、住まい手の視点に立って提供することです。それがリノベーションの強みであり、これまでにない価値になります。リノベーションという言葉を使う会社には、古いものを単に新築のようにすることを目指す会社がまだまだ多いのが実態ですが、それではいつまでたっても新築という既成概念や価値を超えることはできません。不動産はもとより、建築・管理・マーケティング・金融・税制など、あらゆる仕組みからアプローチする力が、そこには必要です。

　リノベーションによる既存住宅流通の活性化を促進するために、発起人の一人として2009年に立ち上げたこの一般社団法人リノベーション協議会、この団体の特徴もまさに、"既存の業界の枠組みを超えたプラットフォーム"を構築し続けること。成長を続けるこの業界が必要としてきた団体といえるでしょう。
　ただ、ここ30年で発展し続けたリノベーション市場も、欧米に比べるとまだまだマイナーな市場であり、変わらなくてはならないことが数多くあります。住宅ローンや新築優遇の税制などの社会システムもその1つといえるのですが、すべてを変えるにはかなりの時間もかかります。しかしながら、今すぐにでも変えられることが1つあります。それはこの業界にかかわり続けるあなた自身です。

　この資格制度は、これまでの協議会の活動を通した各社の経験と知見の中から、リノベーション事業にかかわる人が特に知っておくべき事柄を厳選したものです。ここでお伝えすることは、単なるハードの機能改善のみの建築行為や短期的な再生を目的とするのではありません。目指すべきは、既存建物を活用し、次の世代に受け継ぐことまで視野に入れた再生です。お客様から地域の課題解決にまで結びつくような再生を目的に、事業を行う企業やそこで働く人々、これからリノベーションの分野にかかわりたいと思う人々にとって、本冊子が有意義なメソッドとなることを願っています。

一般社団法人 リノベーション協議会

会長　内山博文

[目次]

1章
リノベーション概論

1-1 日本の住宅ストックの現状

ここが大切!
- ☑ 住宅に求められるものは "量" から "質" の充足へと移行
- ☑ 「ストック」とは中長期的な空室・未活用の住宅のこと
- ☑ 約8戸に1戸の空き家が、20年後には約4戸に1戸に

1 ストック型社会へのシフトチェンジ

　日本では、住宅の供給不足がおおむね解消された1968年以降も、新築住宅に偏重した政策が半世紀超も続いてきました。一方で、将来的には人口減少が予測され、住宅に求められるものは "量" から "質" の充足へと移行。同時に、ストックの有効活用が急務とされ、日本はいま、本格的な「ストック型社会」を迎えようとしています。「ストック型社会」とは、価値あるものをつくって長く大切に使う、地球にやさしい持続可能な社会のことです。衣食住のうち「衣」の分野ではリサイクルやリユースなど、丁寧にリペアして使い続け、次の人に継承する循環型の消費スタイルが定着しつつあります。「住」の分野でも同様のことが求められているのです。

　日本の住宅の寿命が欧米諸国に比べて約30年と非常に短いのは［図1］、建物の耐久性の違いではなく、新築偏重の日本の住宅事情に起因しています。まだ十分に使える住宅を短い年月で壊してしまうのは、経済的にも環境的にも非常に無駄なこと。これからは、今あるストックを長く大切に活用していくことが必要です。

図1：ストック戸数をフロー戸数で除した値（年）の国際比較

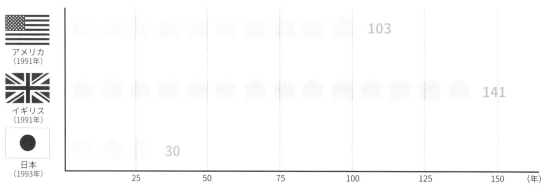

出典：『45分でわかる未来へのシナリオ ストック型社会』（岡本久人著.電気書院刊）

2　ストックはなぜ増えたのか？

　住宅市場における「ストック」とは「空き家」を指し、一時的な空き家・空室ではなく、中長期的な空室・未活用の住宅を意味します。日本では1968年に総住宅数が総世帯数を上回り、その後も世帯数の増加を上回るスピードで住宅が建てられてきました。

　2022年の国勢調査公表のデータによれば、2022年1月1日時点で日本の世帯数は5,738万世帯、前回調査（2021年）から0.7％の増加となっています。世帯数は調査開始の1920年ごろから増加しています（一部の県を除く）[図2]。人口が減少しているにもかかわらず世帯数が増えている要因として、単身世帯や高齢者の独居の増加などが挙げられます。しかし、今後は世帯数も減少に転じることから、空き家の増加がますます深刻になっていくと考えられます。

図2：世帯数の推移

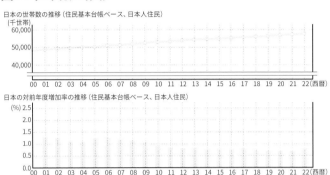

日本の世帯数の推移（住民基本台帳ベース、日本人住民）

日本の対前年度増加率の推移（住民基本台帳ベース、日本人住民）

※ 2022年1月1日時点の外国人を除く日本人住民の世帯数
出典：「国勢調査および国立社会保障・人口問題研究所」「将来推計人口」「住民基本台帳に基づく人口、人口動態および世帯数」（総務省）をもとに作成

3　現在のストック数

　現在日本の全住宅の約8戸に1戸が空き家といわれています。このまま有効な対策が講じられなければ、20年後には約4戸に1戸が空き家になると予測されています。ストック数については、総務省が5年おきに公表する「住宅・土地統計調査」（最新データでは2018年）があります[図3]。2018年（平成30年）の居住世帯のある住宅5,366万戸に対して空き家や建築中の住宅など居住世帯のない住宅（世帯主のない住宅）は846万戸で、総住宅数の約14％を占めています。2013年（平成25年）の調査時から3.2％、26万戸増加したことになります。総住宅数に占める空き家の割合を示す「空き家率」は13.6％と、過去最大の数字となっています。

図3：日本における空き家数および空き家率の推移（1963年〜2018年）

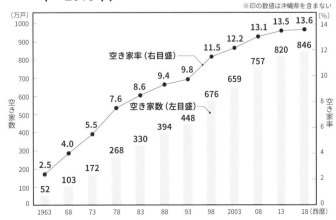

出典：「住宅・土地統計調査結果」（総務省統計局）

リノベーション市場の可能性

- ☑ 「成果指標」は今後のリノベーションビジネスの指針の1つ
- ☑ 中古マンション購入が選択肢の1つとして定着
- ☑ 中古マンションのリノベーション市場は今後ますます拡大

1 国の政策指針が示す市場規模と可能性

「リノベーション」へのニーズが高まるなか、国土交通省による2011年の「住生活基本計画」(p122)では、住宅の質の向上と維持管理された住宅が循環利用される「ストック重視の施策展開」が目標の1つに掲げられ、推進されてきました。その内容は2021年3月に「新たな住生活基本計画」として更新され、大きく3つの視点と8つの目標が掲げられました。ストックに関しては「住宅ストック・産業からの視点」を踏まえ、「脱炭素社会に向けた住宅循環システムの構築と良質な住宅ストックの形成」[表1]「空き家の状況に応じた適切な管理・除却・利活用の一体的推進」「居住者の利便性や豊かさを向上させる住生活産業の発展」の3つの目標が示されました。これは2021年から10年間の住宅政策の指針となるもので、「成果指標」という定量的な市場規模等や政策としての注力ポイントが明示されていることから、今後のリノベーションビジネスの指針の1つとなります。

表1：目標6 脱炭素社会に向けた住宅循環システムの構築と良質な住宅ストックの形成

既存住宅流通およびリフォームの市場規模	12兆円（2018年）⇒ 14兆円（2030年）⇒ 20兆円（長期的目標）
住宅性能に関する情報が明示された住宅の既存住宅流通に占める割合	15%（2019年）⇒ 50%（2030年）
25年以上の長期修繕計画に基づく修繕積立金額を設定している分譲マンション管理組合の割合	54%（2018年）⇒ 75%（2030年）
住宅ストックのエネルギー消費量の削減率（2013年度比）	3%（2018年）⇒ 18%（2030年）
認定長期優良住宅のストック数	113万戸（2019年）⇒ 約250万戸（2030年）

2　中古マンション流通から見た可能性

　全国における新築分譲マンションの供給戸数は1994年の18.8万戸をピークに減少の一途をたどり、2012年には9.3万戸とおよそ半分まで落ち込んでいます。2021年には2020年の5.9万戸から2年ぶりに増加し7.7万戸が供給されましたが、2022年以前の過去3年間は平均で7万戸を下回っており、大量供給時代は明らかに終焉を迎えたことが分かります。首都圏の新築マンションの着工戸数も全国の傾向と一致しており、ピークである2000年の約9.5万戸に比べ、現在はその半分を下回っています。2021年は新型コロナウイルス感染症拡大の影響によって住宅需要が高まったものの、3.3万戸程度とピーク時の3分の1にまで減少しています。

　加えて、2016年に首都圏で新規供給された新築マンションの戸数は3.5万戸。これに対し、中古マンションの成約戸数は3.7万戸でした。約2,000戸とごくわずかですが、中古成約戸数が新築供給戸数を上回ったのは、マンション市場が始まって以来の出来事で、以降もそれが続いています[図1]。新築志向が弱まりつつあるなか、中古住宅の流通網や消費者にとっての不安感が一掃され、中古マンションが住まいの選択肢の1つとして定着し始めたといってよいでしょう。

図1：首都圏における新築マンションの供給戸数と中古マンションの成約戸数

出典：「首都圏新築分譲マンション市場動向（2022年1月）」（株式会社不動産経済研究所）と、「首都圏不動産流通市場の動向（2022年1月）」（公益財団法人東日本不動産流通機構）のデータをもとに作成

3　住宅リフォーム市場予測からみる可能性

　中古マンション成約数の増加とともに、リフォーム・リノベーションへの需要も高まっています。2022年の住宅リフォーム市場規模は前年比5.7%増で、推計すると7兆2,982億円でした［図2］。Withコロナによって生活環境への価値観が変わり、住空間をより一層充実化する動きがあった影響だと考えられます。国土交通省はリフォーム・リノベーションの市場規模に中古住宅流通の市場規模を合わせた目標数値を発表し、現状7兆円の市場から、2030年には14兆円、長期的には20兆円の市場に伸ばす政策を明らかにしており、今後ますます活発化していくと予想されます。

図2：住宅リフォーム市場規模の推移と予測

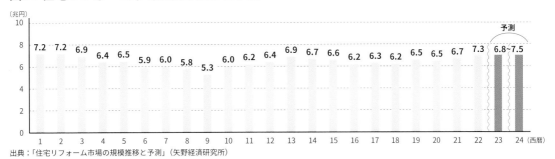

出典：「住宅リフォーム市場の規模推移と予測」（矢野経済研究所）

1-3 ストックの種別と築年数

ここが大切！

- ☑ リノベーション需要のストックとして3,740万戸が存在
- ☑ ストックの質を改善していく必要がある
- ☑ 築年数は関係なく、幅広い年齢層が中古住宅を購入

1　築20〜30年のストックが中心

　ここでは住宅ストックの築年数と種別から市場の可能性を見ていきます。現在、居住されている住宅も将来のストックとして捉えると、2013年の住宅ストックの平均築年数は築22年で、2030年には築29年、2040年には築33年となり、リフォーム・リノベーションの適齢期を迎える住宅が増えると予測されます。

　2018年の総務省の調査によれば、1991〜2010年の住宅で2,084万戸、1971〜1990年の1,656万戸を合わせて3,740万戸がリフォーム・リノベーションの需要なストックとして存在すると考えられ、築8年から築47年までのストックが全ストックの76％を占めるとされています ［図1］。エリアや広さ、世帯によってニーズの違いはありますが、日本には、リフォーム・リノベーションの大きなニーズが存在しているのです。適齢期を迎えるストックが利活用されないまま老朽化していくことは、自然災害や人為的な事件・事故などが発生するリスクをはらむだけでなく、地域の経済発展や限りある国土の利用計画の妨げにもつながります。

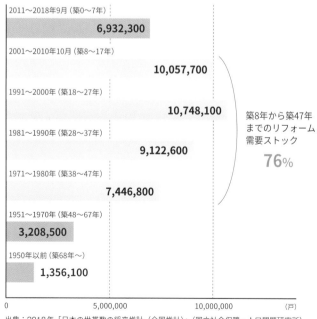

図1：住宅ストックの築年数別分類

期間	戸数
2011〜2018年9月（築0〜7年）	6,932,300
2001〜2010年10月（築8〜17年）	10,057,700
1991〜2000年（築18〜27年）	10,748,100
1981〜1990年（築28〜37年）	9,122,600
1971〜1980年（築38〜47年）	7,446,800
1951〜1970年（築48〜67年）	3,208,500
1950年以前（築68年〜）	1,356,100

築8年から築47年までのリフォーム需要ストック **76％**

出典：2018年「日本の世帯数の将来推計（全国推計）」（国立社会保障・人口問題研究所）

2　住宅ストックにおける建物種別

　現在の居住されている住宅ストック総数約5,362万戸（2018年時点）を建築年代別に見ると、1980年（昭和55年）以前に建築された住宅ストックは1,160万戸、1981年（昭和56年）以降に建築された住宅ストックは3,612万戸存在します。持ち家（戸建て）の割合が多いのですが、1981年以降はマンション（賃貸・分譲）の割合も増えていることが分かります［図2］。

　本格的な人口減少に突入し、世帯数も2020年代前半に減少には転じることから、長い目で見れば、住宅着工件数は減少傾向で推移し、空き家率も上昇が続く見通しです。一方で、日本の住宅ストックは「数」は十分ですが、居住性や耐震性、省エネ性能など「質」については改善・向上の余地があります（6章参照）。

図2：建築年代別の住宅ストック総数

出典：「H30住宅・土地統計調査」（総務省）

3　消費者の志向性の変化

　この十数年で、住宅購入における消費者の志向は大きく変化しました。新築偏重から、中古住宅の購入、あるいは中古住宅購入＋リノベーションを選ぶ人の割合が増え、それに伴いリフォーム・リノベーションのニーズも高まりました。予算の制約に加え、新築へのこだわりも少なくなっているのです［図3］。また、住宅購入世代の30〜40歳代を中心に幅広い年齢層が中古マンションを購入しています［図4］。

図3：中古住宅にした理由（複数回答）

※2021年度

出典：「令和3年度住宅市場動向調査」（国土交通省）

図4：新築マンションと中古マンション購入の年齢層

出典：「住宅購入年齢層（新築との比較）」（インテリックス）
※ 2006〜2014年のリノヴェックスマンション購入者（首都圏）へのアンケート結果による、新築に関する数値は2013首都圏新築マンション契約者動向調査（リクルート住まいカンパニー）データを加工

1-4 リノベーションの定義

ここが大切！

- ☑ リノベーションとは居住性や機能性を向上させ価値を高めること
- ☑ リノベーション工事は環境への負荷が少ない
- ☑ リノベーションを手がける会社には大きく7つの業態がある

1　リノベーションの目的

　現代はライフステージや働き方の変化に合わせて住む場所を変え、自宅を再販するケースが増えました。住み手が変わるからと壊してしまうのではなく、既存住宅をストックとして活用し、住み継いでいけるよう再生させることがリノベーションの目的です。間取りや内装仕上げの変更だけでなく、給排水管や断熱といった見えない部分も必要に応じて更新・改修し、居住性や機能性を向上させてストックとしての価値を高めることで、循環型社会の実現に寄与することができます。

2　リノベーションの価値

　中古住宅はリノベーション費用を含めても、新築よりリーズナブルに住まいを取得できます。加えて、購入後の価格下落が穏やかなので、資産価値の目減りが少ないといえます。リノベーションすることで価値が高まり、優良なストックを次世代に引き継ぐことができます。また、中古住宅の活用は環境への負荷が少ないことも大きな特徴です。既存建物のリノベーションと、新築に建て替えた場合とで比較すると、リノベーションのほうが最大76%の CO_2 排出量と最大96%の廃棄物排出量を削減できることが確認されており、限りある資源の節約に寄与します［図1・2］。リノベーション住宅は、未来・次世代を見据えた選択肢なのです。

図1・2：リノベーションによる CO_2 排出量削減効果（左）と廃棄物排出量削減効果（右）

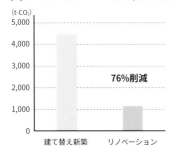
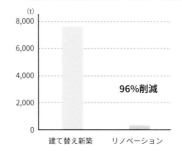

出典：「リノベーションによる CO_2 排出量削減効果と廃棄物排出量削減効果」（リノベる・金沢工業大学 佐藤考一研究室・国士舘大学 朝吹香菜子研究室より、リノベるが作成）

3　リノベーションとリフォームの違い

　リノベーションとリフォームの違いはこれまで明確に定義されておらず、違いもあいまいなまま使われていました。そこで本冊子を発行したリノベーション協議会では、発足当時から次のように定義しています。リフォームは、古くなったり使いにくくなったりした内装や設備を、修繕・交換すること。リノベーションは、中古住宅の機能・価値を再生するために改修し、その家での暮らし全体にかかわる包括的な改修を行うこと［図3］。つまりリノベーションとは、水・電気・ガスなどのインフラや構造躯体の性能を必要に応じて更新・改修することや、ライフスタイルに合わせて間取りや内外装の仕上げを刷新することで快適な暮らしを実現し、現代的な住まいに再生することを意味します。

図3：リノベーションの概念図

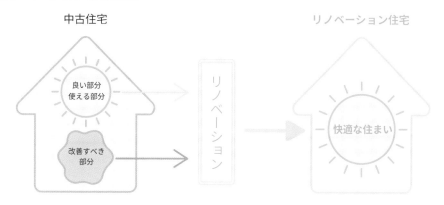

4　リノベーションの種類と業態

　ひとことで「リノベーション」といっても、さまざまな種類と形態があります［表1］。種類は、持ち家、または中古住宅を購入してリノベーションするか、あるいはリノベーション済みの中古住宅を購入するか、という既存住宅の所有の状態や取得方法によって下記の3つに分類できます。また、リノベーションを手がける会社は大きく7つの業態に分けられ、設計から施工、あるいは物件探しから施工までをワンストップで対応するリノベーション専門会社、物件探しが得意で設計や施工会社を紹介するコンサルタント型の不動産会社などがあります。

表1：リノベーションの種類と業態

リノベーションの種類	業態別
① 持ち家をリノベーションする ② 中古住宅を購入してリノベーションする 　　A：物件購入からの相談（ワンストップ） 　　B：物件購入とリノベーションを異なる事業者で行う ③ リノベーション済み住宅を購入する	① 売買仲介 ② リノベーション設計（設計事務所系） ③ リノベーション設計＋施工（請負） ④ 売買仲介＋リノベーション設計＋施工（請負） ⑤ 売買仲介＋設計事務所・施工会社を紹介（売買＋コンサル系） ⑥ 仕入・設計・施工・販売を自社で実施（買取再販系） ⑦ 買取売買

1-5 リノベーションの指標

ここが大切!
- ☑ 流通する既存住宅・リノベーションは築年数も工事の規模もさまざま
- ☑ 適合R住宅は、築年数・工事規模・工事内容に関係なく提供する仕組み
- ☑ 適合R住宅は、リノベーション住宅を提供するうえでの最低限の規準

1 優良なリノベーションとは

　ひとことでリノベーションといっても、その内容はさまざまです。既存建物の築年数をはじめ、劣化状況も違えば、工事の規模も内容も違います。にもかかわらず、広告や契約書などで消費者が目にする"リノベーション"という言葉の使い方にルールや基準はありません。そのため「リノベーションはオシャレでカッコいい」というイメージがある一方、「どこまで交換や工事をするのか分からない」という不安が根強く残っている実態があります。

　リノベーション協議会では、築年数や工事の規模にかかわらず生活に必要な重要インフラについて、「検査・工事・保証」に関する基準を独自に設け、併せて「住宅履歴情報」を蓄積する仕組みを提供しています。各基準を満たした既存住宅に「適合リノベーション(R) 住宅」を表示する制度がそれに該当します[図1]。

図1：優良リノベーションの定義

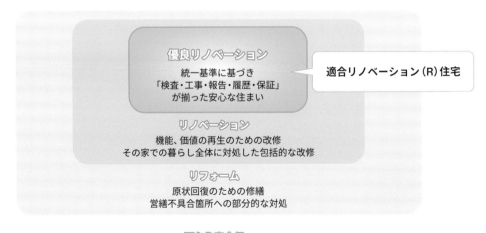

2 優良なリノベーションの基準

「適合R住宅」は、生活するうえで最も重要なインフラ（水・電気・ガスなどの13項目）に関して安心を提供することを目的とする表示制度です［図2］。既存住宅の築年数や工事規模・内容にかかわらず、重要インフラについて「検査・工事」を行い、その報告書を作成。その他「平面図」「仕様書」なども住宅履歴情報として保管します。住宅履歴情報があれば、点検やメンテナンスがしやすく、将来売却するときにも役に立ちます。また万が一の不具合に対してもアフターサービス保証を提供することを義務付けています（p96）。

図2：「適合R住宅」の統一規格

建物検査 → 改修工事 → 報告 → 保証／住宅履歴情報

一連のフローを統一規格とし、各住宅タイプ別に基準を設定

品質確保と情報開示と保証に基づく安心

検　査	築年数、工事規模に関係なく「重要インフラ13項目」の検査基準への適合	保　証	重要インフラの保証（設備未更新、未施工部分も含む）
報　告	設備更新の有無、検査基準に適合していること、関係者の情報を統一した書式で交付	住宅履歴図書	工事内容のわかる履歴図書（平面図、仕様書など）を保管

基準は、以下のタイプに分けて設定されており、基準を満たした物件は、「適合R住宅」のマークを表示できます。買取再販だけでなく、リノベーション請負事業にも適応しています。2022年6月より、R1住宅に省エネの基準をプラスしたR1住宅エコ基準が加わりました［図3］。

図3：「適合R住宅」のマーク

R1住宅
（マンション専有部分）

R3住宅
（マンション一棟共有部）

R5住宅
（戸建て住宅）

R1住宅エコ
（マンション専有部）

リノベーション市場の変遷

☑ 1990年代後半に物件探しから施工までのワンストップサービスが登場

☑ 2009年にリノベーション住宅推進協議会が設立

☑ 近年はリノベーションによるまちづくりに注目が集まる

1　1975〜1992年：先史時代（リフォーム時代）

　リフォームはもともと、大工や地元工務店がアフターサービスとして補修（リペア）することが主な目的でした。1979年にはアフター部門の強化・独立というかたちで大手ハウスメーカーが参入。中小地場のハウスメーカーの参入も相次ぎ、リフォーム業者はまたたく間に全国に広がり、地場工務店のリフォーム産業への関心が高まっていきました。住宅リフォームは建設業免許など特別な資格を必要としないため、参入しやすかったといえます。

　'90年代までにかけては、マンションが増加し、居住者に定住化の傾向が強まり、住空間の質が求められるようになったことから、マンションリフォームの需要は拡大していきました。この時代のリフォームは住み替えないためのリフォームであり、既存住宅の流通との接点はありませんでした。

2　1993〜2000年：黎明期（サブカル時代）

　1991年から地価が下落し、バブル世代が行列をなしていたラフォーレ原宿など、東京の表参道や明治通りに店を構えていたブランド店が凋落していくなか、裏原宿では古い民家やアパートなどをリノベーションしたブティックや飲食店が若者に支持され、増加していきました。この傾向は、'90年代半ばごろから後半にかけて、東京都心部の広範囲の"ストリート"に広がっていきました。ストリート・カルチャーの伝統から利用者のDIYも多く、やがて既存住宅やアパートだけでなく、ビルやオフィス・倉庫・銭湯・劇場・学校など、リノベーションするビルディングタイプも多岐にわたりました。用途もブティックや飲食店に加えて、オフィスやアトリエ、ギャラリーなどバリエーションが増え、若い建築家たちがリノベーションを手がけるようになりました。

　今でこそ国土交通省も既存住宅の流通市場とリフォーム市場の活性化策としてワンストップサービスを推奨していますが、当時は「建築」と「不動産」はまったく別の世界でした。やがてリノベーション住宅ビジネスは、中古住宅を購入しオーダーメイドでリノベーションする請負型のビジネスモデルへと移っていきました。それに伴い、中古住宅探し・購入という不動産にかかわることから、設計・施工までをワンストップで提供するサービスも生まれました。

3 2001年〜2008年：揺籃期（証券化時代）

2000年代初頭は、不動産市場が大きな転換点を迎えた時期でした。バブル崩壊の影響から、都心部には不良債権化したままの不動産が無数に存在し、オフィスビルの空室率増加と賃料下落の「2003年問題」によって破綻する中小ビルが続出することが懸念されていました。それと同時に、都心のオフィス賃料と住宅賃料が逆転し、バブル期にオフィスビルによって郊外に追いやられた住宅が再び都心へと戻る「都心回帰」の現象が起き始めました。そこに「不動産証券化」が始まり、投資マネーがこの流れの大きな駆動力となっていくのです。これは不動産の価値観が、キャピタルゲイン（保有する資産を売却することによって得られる利益）からインカムゲイン（資産の保有によって得られる継続的な利益）に転換したということでもありました。床面積当たりの収益を高めるには、新築で建て替えるよりも、初期コストが安いストックの活用が有利と考えられるようになりました。

'03年ごろから、不動産会社がリノベーション済み再販マンションシリーズの本格的な展開を開始。新築マンションと同程度の性能・仕様に再生し、給排水管などのインフラにもアフターサービス保証を付けたうえで新築マンションより3割ほど安い価格で提供しました。

4 2009年〜2016年：成長期（実需時代）

2007年に建築基準法改正が実施され、'08年にはリーマンショックが起こり、住宅不動産市場は大きな痛手を受けました。新築戸建住宅の着工数は、'06年度の129万戸から'09年度の79万戸まで急落し、年間8万戸以上が供給され好調だった首都圏の新築マンション市場も、'09年度には3.6万戸まで激減し、多くの中小マンションデベロッパーが市場からの退場を余儀なくされました。この時代を生き残ったのは、個人の住宅に軸足を置いたリノベーション事業者や設計事務所でした。

'09年7月、一般社団法人リノベーション住宅推進協議会（現在は、一般社団法人リノベーション協議会）が設立されました。リノベーション住宅市場のリーダー的企業が中心となって立ち上げた、日本初のリノベーションの業界団体です。「リノベーションによる既存住宅流通の活性化」を目的とし、それまで「不動産」と「建築」という近くて遠かった異業種が1つの団体に結集しました。この発足を機に、住宅不動産市場においてリノベーション住宅の存在感はますます増していきました。

リノベーションは賃貸住宅市場にも浸透し、築年数が経過して商品力が落ちた物件を人気物件に再生させるリノベーションは、リーマンショック以降、主なクライアントがオーナーに移ってから裾野が広がっていきました。

近年は少子高齢化や空洞化で衰退した全国各地の中心市街地など「地方創生」の現場で、自治体主導の再開発などに頼らない民間主導のまちづくりとして空き家・空き店舗を活用するリノベーションまちづくりの手法が広く採り入れられています。'11年に北九州市小倉で始まった「リノベーションスクール」は、'22年現在、全国85都市で開催され、その卒業生はすでに5,000名を超えています。持続可能なまちづくりの手法として「リノベーションまちづくり」に注目が集まっています。

出典：「STOCK & RENOVATION 2014（3リノベーションを語る）」（LIFULL HOME'S 総研より作成）

1-7 リノベーション コーディネーター(RCN)とは

ここが大切!

- ☑ Quality of Life（QOL）への関心が高まっている
- ☑ RCNはQ（品質）P（価格）S（サービス）を担保する資格制度
- ☑ RCNは不動産売買から設計、法規まで幅広い知識を網羅する

1 暮らしの編集者

「家を建てる」というかつての夢は、経済が右肩上がりで成長し、核家族の急増によって、いつしか「家を買う」という夢に置き換わりました。成長から定常、成熟の時代を迎えた今、私たちにとって家とはどんな存在に変化したのでしょうか。明らかな傾向は「家」より「暮らし」の質への関心が高まっていることでしょう。「Quality of House」ではなく「Quality of Life」（QOL）なのです。多くの人々が抱く関心は「理想の家」よりも自分らしいオンリーワンの「理想の暮らし」へと変化しつつあるのです。

暮らしは、さまざまな要素によって形づくられています。どのような街で、誰と、どんなインテリアに囲まれたいか。「家」という存在も、そのなかの1つの要素です。自分らしい暮らしとは「つくる」ものでも「買う」ものでもなく、「編集する」もの。そんな感覚が住み手のなかに芽生えてきているといえます。自分らしく住みこなす「リノベーション」という選択肢は、「暮らしを編集する」という感覚にぴったりの方法なのです。

一方で、リノベーションはあまりにも自由すぎるゆえに不安を抱く人がいるのも事実です。また、人によって暮らしに必要な要素のプライオリティー（優先順位）は異なり、たとえば駅近の利便性の高い物件も喧騒を嫌う人にとってはふさわしくない住環境であり、入居者間の交流が活発な自主管理の小規模マンションも大手管理会社を信頼する人にとっては敬遠すべき物件になります。リスクと価格のバランスも、暮らす人が求める「安心の尺度」に応じて判断の基準はまちまちで、それぞれに合った提案が必要なのです。

いまリノベーション業界で求められているのは、「暮らしの編集」の伴走をしてくれるプロの存在です。プロとは、横断的な視点と知識、経験の持ち主。お客様の理想の暮らしを理解したうえで、冷静に俯瞰し、その暮らしを構成しうる多様な要素をコーディネートできるスキルが必要です。リノベーションコーディネーター [Renovation Coordinator (RCN)] とは、「暮らしの編集者」のプロといえるのです。

2 リノベーションコーディネーターに求められるもの

リノベーション協議会では、不動産売買から設計、法規、引渡し後の修繕・管理までの知識を満遍なく得られる「リノベーションコーディネーター制度」(RCN) を立ち上げました。この制度では、お客様にとっても事業者にとっても後悔がないリノベーションを行うために留意すべき基本的な事項に触れています。

受講者には、宅建事業者、建築事業者、そのどちらでもない方がいますが、この資格はリノベーションに関わるすべての方を対象としています。また、この業界を志す学生も受講できます。時流に合ったお客様のニーズを捉え、Q（品質）P（価格）S（サービス）を担保する資格制度です。リノベーションに携わる仕事が、「住宅を売って終わり」「つくって終わり」ではなく、お客様の「暮らしを編集」できる仕事となっていくよう、そのための人材を育成する講習会を実施します。この資格制度が普及することによって、空き家問題の解決や、よりよいまちづくりの一環を担う人材が育成されることも目的としています。

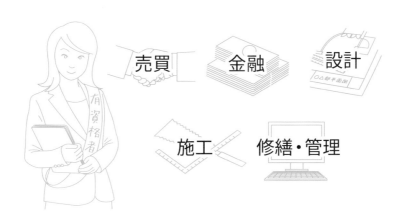

 豆 知 識

欧米のストック

欧米の人々は前世代からの住宅ストックを引き継ぐため、住宅にかかるコストを抑えながら生活することができます。また、住宅にかけるお金を投資や貯蓄ととらえる人も多数います。欧米人が日本人より少ない収入で、バカンスや文化に投資するゆとりや豊かさを享受しているのは、住宅を循環的に使うストック型社会であることも1つの理由なのです。

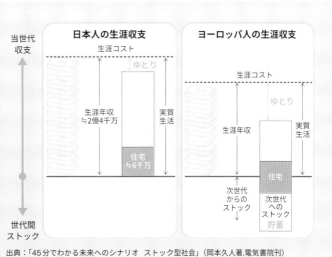

出典：「45分でわかる未来へのシナリオ ストック型社会」（岡本久人著.電気書院刊）

1-8 リノベーションコーディネーターの役割

ここが大切！

- ☑ リノベーションコーディネーターは幅広い領域の専門知識が必要
- ☑ 受注する会社の業態によって業務範囲の定義が異なる
- ☑ 最も多いトラブルは入居後の不具合

1　リノベーションコーディネーターの業務内容

図1の業務フローを見ても分かるとおり、リノベーションコーディネーターの役割は幅広いため、まずはどのような業務にかかわるかを大まかに知っておく必要があります。リノベーションの仕事は「売買」「金融」「法規」「設計」「施工」「修繕・管理」と幅広い業務に関連し、個々の専門知識を必要とします［図1］。法的な規制から、マンション内での独自のルールまで取り扱うこともあります。お客様は事業者のアドバイスに沿って判断を行い、その判断の是非がお客様の満足度を左右します。そのため、一部の専門領域を知っているだけでは総合的なアドバイスができないのです。

このフローは、会社の業務範囲（契約書上の受託範囲）によっては仕事の範囲に入らない場合もあります。これは、リノベーションを受注する会社が不動産の売買を実施する会社か、設計と施工を併せて実施する会社か、売買・設計・施工まですべて行う会社かで変わってきます。しかし、リノベーションコーディネーターは全体の推進をマネジメントするプロジェクトマネジャー的側面と、リスクを排除するだけではなく、お客様の要望に広く対応することが理想です。業務に関係する職能、職域への理解は大変重要なのです。

図1：リノベーションコーディネーターの業務フロー

① お客様の理想の住まい・暮らしをヒアリング（住まいに求める条件を把握）

② お客様のニーズを把握して不動産物件をご提案（適合する物件の選定とインスペクション）

③ 物件内見の調整と内見の実施（現地での物件確認、周辺環境の確認）

④ 契約条件の確定・資金内容の確定（金融機関選定と売主確認）

⑤ 売買契約・重要事項説明書等の準備～契約調印（契約書の売主確認、決済までの計画）

⑥ ①に基づきプランニング提案・仕様、設備提案（ラフプラン提案と予算との整合）

⑦ ⑥の内容を具体化・確定、併せて工事計画を立案（見積書の準備）

⑧ 概算費用から見積金額確定、図面の修正（お客様の承認された図面の確定）

⑨ 不動産の決済後工事着工準備・近隣挨拶（管理規約に則り工事申請および近隣挨拶）

⑩ 工事着工

⑪ 竣工・検査・是正

⑫ R1 検査・瑕疵保険検査の実施依頼・実施

⑬ 是正完了・引渡し

⑭ アフターサービス対応

2　リノベーションにおけるトラブル増加

　図2からも分かるように、中古住宅流通件数の伸びにしたがって、トラブルの相談件数は2013年から'16年までに1.4倍に増加し、そのうちの約30%がリフォーム・リノベーションに関する相談です。なかでも「入居後の不具合」が最も多く、「契約と工事の内容の相違」「工期の遅延」と続きます［図3］。一概には言えませんが、このなかにも売買契約時の「契約内容の確認」（p34〜37）や、リフォーム・リノベーション工事前の「物件調査」（p43）の不備が関与しているものがあると考えられます。

図2：リフォーム・リノベーションにおける専門家への相談件数

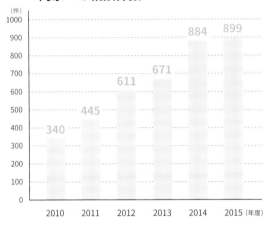

出典：「専門家相談実施件数（リフォーム）」（公益財団法人住宅リフォーム・紛争処理支援センターの資料を元に国土交通省が作成）

図3：リフォーム・リノベーション時の相談のきっかけ

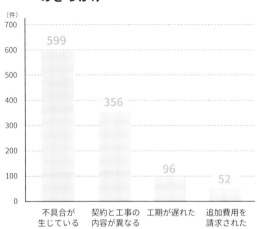

出典：「相談のきっかけ（相談内容）」（公益財団法人住宅リフォーム・紛争処理支援センターの資料を元に国土交通省が作成）

3　幅広い知識でトラブルを未然に防ぐ

　業態による業務範囲の定義の違いがあり、リノベーション工事に必要な情報を見落とさないためにも、各領域の知識を幅広く身につけておく必要があります。たとえば、売買成立後に引渡しをする不動産売買会社は、過去・現在・未来にわたって売買対象とその周辺の土地について調査し、重要事項説明書に記します。その際にリノベーション工事に精通していないと、工事に必要な情報を収集できないことがあります。また、事業者の業務完了の定義が異なるため、リノベーション工事に必要な情報収集が少ないという問題も挙げられます。

　また、お客様が安心して長く住めるよう、近隣住人への配慮を行うことも、仕事の1つです。リノベーション工事をスムーズに進めるには近隣住民の理解と協力が必要であり、特に中古マンションにはその建物（区分所有建物）に入居している先住者がいます。これからそこに住むお客様と、すでに住んでいる近隣住民の事柄に関してどう対処するのか、または直接対処するリノベーション工事会社とどう連携を取るのかといった臨機応変な対応が必要であり、その際に幅広い知識があればトラブルを未然に防ぐことができるのです。

1-9 リノベーションに関わる事業者

ここが大切!

- ☑ 円滑なチーム編成を行うことも重要な役割
- ☑ 建設業許可の有無で発注できる業務が変わる
- ☑ 専門性の高い業務は外部の力も借りる

リノベーションに関わる事業者

リノベーションを進めるうえで会社によって業務範囲は異なりますが、ここではどのような職能の事業者が関わるのかを見ていきましょう[図1]。いわゆるワンストップ型リノベーション以外の場合、リノベーションコーディネーターを中心にお客様の要望をかたちにするチームを構成する必要があります。関係する職種を理解し、円滑なチーム編成を行うことも重要な仕事です。

不動産仲介事業者

不動産の取得を行う際に売主との間で売買を行う宅地建物取引業者です。お客様が最初に接点をもつ事業者といってよいでしょう。建築設計事務所などは、宅地建物取引業者からリノベーションを希望するお客様の紹介を受けることはよくあります。その場合、不動産の売買契約が締結され、住宅が引渡された以降は、リノベーションコーディネーターが業務を進めるケースが多いです。ただし、宅地建物取引業者がリノベーション業務に長けていない場合は、取得前の内覧に同行しお客様の行いたいリノベーションをヒアリングして、条件に合う物件かアドバイスを行うとよいでしょう。不動産を未取得のお客様から相談があった場合は、宅地建物取引業者のリノベーションにおける知識の有無を踏まえ、紹介する事業者を選択することが必要です。

インスペクション事業者

ホームインスペクション（住宅診断）とは、住宅に精通したホームインスペクター（住宅診断士）が、第三者的かつ専門的な観点から住宅の劣化状況・欠陥の有無・改修すべき箇所やその時期・おおよその費用などを見極め、アドバイスを行う専門業務です。

日本では2018年4月から、中古住宅取引の際にホームインスペクション（住宅診断）の説明が義務化されました（p40）。一方で、ホームインスペクションで住宅売買のスピードが損なわれることを理由に、説明義務は果たしつつも積極的な採用が促されていない現状もあります。築古の戸建て住宅は現況の把握が非常に重要なため、ホームインスペクションを採用するのが理想です。リノベーション

工事が完了した後に起こるトラブルも未然に防ぐことができます。

建築設計事務所

　建築事務所登録をし、設計業務を受託する会社。以下の点に注意して会社を選ぶ必要があります。建築基準法における建築確認の対象となる場合、施工会社と連携して適切に設計を進めることができる会社なのか判断しましょう。リノベーションにおいて、マンションの内装工事程度であれば建築確認をすることは少ないですが、増築等が含まれる戸建て住宅のリノベーションでは、10㎡以上の増築工事や（準防火地域・防火地域では10㎡未満）で建築確認が必要です（p53）。

施工会社

　施工会社とひとことでいってもその業務内容は幅広く、建設業の許可の有無によって発注できる工事の請負金額が異なります。一般に建築一式工事は消費税込みで1,500万円未満、その他の工事では500万円未満の場合は建設業の有無にかかわらずリフォーム工事を発注できます。また、延べ面積150㎡未満の住宅で、主要部分が木造、延べ面積の半分以上が居住用の場合の建築一式工事も可能です。ただし、工事は可能ではありますが、建設業の許可を取得している会社のほうが信用力や500万円の制限もないため理想的です。近年では資材、燃料などの価格高騰から500万円未満でできていた工事も500万円を超える場合がありますので要注意です。また、戸建て住宅やマンション、アパート、店舗、事務所などで、工事の得手不得手があります。会社規模の違いによっても費用（経費率）は異なります。このように施工会社の選定は難しいため、建築設計事務所と連携をとって判断するとよいでしょう。当協議会も加盟している、住宅リフォーム事業者団体登録制度に登録している施工会社を選択するのもひとつの手です。

インテリアコーディネーター

　リノベーションの内装工事は、建築士でなくとも業務の受注はできます。ただし、お客様によっては、リノベーションによるプランや内装の更新だけでなく、家具や照明、カーテン、アートといったインテリアに関する要望をもっていることもあります。そのようなニーズを汲み取り、提案できるようにするには、インテリア関係のサービスやインテリアコーディネートに長けた人材を活用してサポートすることも重要です。

図1：リノベーションに関わる事業者

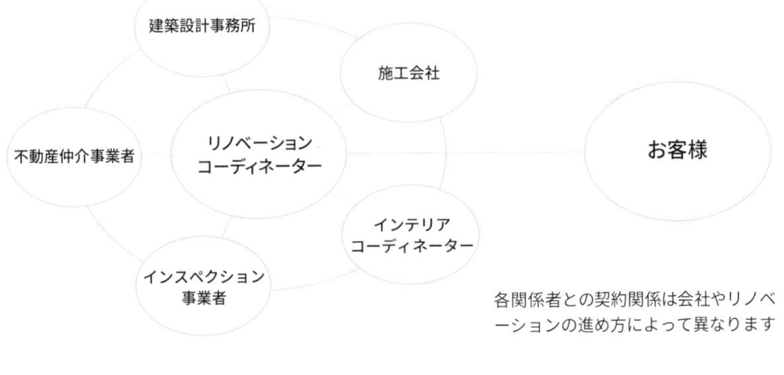

建築設計事務所

施工会社

不動産仲介事業者

リノベーション
コーディネーター

お客様

インテリア
コーディネーター

インスペクション
事業者

各関係者との契約関係は会社やリノベーションの進め方によって異なります

1-10 リノベーションとまちづくり

ここが大切!

- ☑ まちが変われば建物の用途も変化（コンバージョン）する必要がある
- ☑ 公共施設も含め大型のコンバージョン事例が全国で増えている
- ☑ リノベーションをまちづくりの一環とする自治体や地域が増加

1　まちの変化に合わせて建物の用途を変更する

　近年は、オフィスビル・住宅・商業施設などの建物を1棟丸ごとリノベーションする事業が脚光を浴びています。その背景には、再開発などによって街並みが変わっていくなか、オフィスビルだったものに住宅の用途が求められるケースや、その逆もあるなど、時代の変化とともに必要とされる用途が変化してきている事情があります。また、事業者の視点で検証すると、新築よりも既存建物をニーズに合わせて再生させるほうが、時間・コストともに現実的で合理的だともいえます。

　地方都市の商店街など、人口減少や産業の衰退により活気が失われつつある地域では、新たなマーケットの創出や人が集まるにぎわいを取り戻すために、既存建物のリノベーションをまちづくりの一環としてとらえているところも少なくありません。既存建物を再生させることで地域活性化や地方創生につなげ、ひいては地域経済にも貢献できるのは、リノベーションならではの醍醐味といえます。

　建物を1棟丸ごと実施するリノベーションは、建物そのものの存在意義を再検証する意味でも大きなプロジェクトとなります。既存建物をまったく異なる用途に変更する場合は、用途変更の手続きが必要になる場合があります。たとえば、オフィスビルからレジデンス（居住用）に用途変更する場合は、さまざまな角度からの再検証が必要になります。なかでも建築基準法などの関連法規は、用途が変わることによってクリアすべき法規も変わってくるため、簡単ではありません。一級建築士や構造設計事務所、設備設計士（電気・給排水設備）、PM（プロパティマネジメント）、BM（ビルメンテナンス）など、各分野の専門知識を結集することもあり、プロジェクトの計画には時間を要し、新築よりも時間がかかる可能性もあります。このような用途変更を伴うリノベーションを「コンバージョン」と呼びます。

オフィスビルを1棟丸ごと共同住宅（SOHO）にコンバージョンしたラティス青山（2004年〜2015年）設計・施工：竹中工務店、デザイン監修：ブルースタジオ

2　多様化するコンバージョン

　街における既存建物の役割を変えて不動産価値を再生する「コンバージョン」は、建て替えよりもコストや工事期間が抑えられて機会損出が減少するうえ、環境負荷も減らせることから、近年は多様な事例が全国に見られます。

　建物1棟丸ごとコンバージョン（リノベーション）の手法は、当初（2003年ごろ）都心の事務所ビルの供給過多によって発生した遊休オフィスのマンション化、ホテル化などから事例から生まれました。近年では地方都市においても、大型のショッピングモールを公立図書館に転用した例（宮崎県都城市立図書館）や、廃校を宿泊施設に転用する例など、公共施設の用途変更も含めさまざまな建築物でコンバージョンが実現しています。建物単体の再生ではなく、街のなかでその建物の存在意義を見出し、用途も変更する1棟丸ごとコンバージョンの事業はまちそのものを活性化する試みでもあるのです。

廃校になった鹿児島県鹿屋市立旧菅原小学校を宿泊施設にコンバージョンした「ユクサおおすみ海の学校」（2018年）設計：ブルースタジオ＋プラスディー設計室

3　都市経営戦略としてのリノベーション

　地方都市には、地場産業の衰退、空き家・空き店舗の増加、高齢化による医療費の増大など、課題が山積していますが、打開策として注目を集めているのが「リノベーションまちづくり」です。地域が抱える空き家や空き店舗などの既存空間資源を活用し、“使いこなす”ことで地域活性化を図ろうという考えです。“使いこなす”とは場のマネジメントを意味し、単に空き空間をリフォームするのではなく、都市経営の観点からエリアに変化を生み出す事業の発生を目指すものです。その場所や地域に必要とされる視点は、経済成長時代に見過ごされてきた地域性豊かな土着の生活文化や人的資源など、潜在的な既存社会資源に対するポジティブなとらえ方です。

　「リノベーションまちづくり」は民間主導の官民連携のまちづくりといわれ、市民が地域社会の当事者として主体的に事業を起こし、誇りある地域を形づくっていくことを目指しています。東京への一極集中を是正し、地方都市の復権やシビックプライド（都市に対する市民の誇り）の再生を目的とする「地方創生」の現場において、「リノベーションまちづくり」に対する期待は年々高まっています。実施している自治体は2021年度時点ですでに累計90自治体を超えており、これからも日本各地で実施されることでしょう。

建物を再生（リノベーション）してまちを元気にする「RENOVATION SCHOOL」

「RENOVATION SCHOOL」には、建築・不動産・デザインなどさまざまな業務に携わる人が参加する

賃貸住宅のリノベーションと
「まち」のリノベーション

　経済と都市が加速度的に成長していた時代、街に流入する人々の暮らしの受け皿となってきた賃貸住宅。都心の民間賃貸住宅はもとより、郊外でも団地開発というかたちで公営の賃貸住宅が大量に建設されました。しかし今、2018年の時点で846万戸ある空き家のうち、約半数は賃貸住宅といわれています。賃貸住宅はその社会的役割の見直しを余儀なくされており、「リノベーション」は、持ち家のみならず、このような膨大な賃貸住宅のストック活用の現場においても、必要不可欠な手段、考え方となっています。

　賃貸住宅のストックはその約9割が共同住宅、長屋です。空き家対策としてのリノベーション（価値再生）は占有住戸部分の性能向上はもとより、共同住宅では共用部分も含めた全体的な修繕計画や、運営管理のようなソフト面の改善もリノベーションの対象となります。ときには地域の社会環境の変化に対する合理的な判断として、住宅以外への用途変更（コンバージョン）を検討するケースも生じます。

　このような単なる経年劣化に対する修繕・営繕的なリフォームの発想ではなく建物経営、マネジメントの視点に立ったリノベーションの視点が必要と考えられるようになったのは2001年のJ-REIT（不動産投資信託）の上場にみられるような不動産の証券化、収益還元法による不動産鑑定評価の一般化によるところが大きいといえます。賃貸住宅、収益不動産のリノベーションは、アセットマネジメント（資産運用）の一手法として認識されるようになったのです。

　では、これからの時代に長屋や共同住宅のような複数の住戸が集合した建物の価値、生活環境の持続的な価値とは何を目指すべきでしょうか。それはおそらく利便性よりも共同体としての価値でしょう。高度経済成長期の郊外団地のような大規模な賃貸住宅群の再生ともなれば、それはむしろ共同体以上の「まち」の価値再生に取り組むことと同義です。団地の価値再生（リノベーション）には、建物に対するアセットマネジメントに加えて魅力的な街、住みたくなる街を目指すための「エリアマネジメント」の発想が必要になります。これは地域再生、地方創生というわが国が抱える重要課題の解決につながります。近年では地域経営戦略の一手法として「リノベーションまちづくり」を標榜する地方自治体が急増しています。

　このように「リノベーション」は、「マネジメント」の視点をもった総合的かつ横断的な生活環境価値の再構築手法なのです。皆さんもリノベーションがもっている大きな可能性を感じつつ、是非そのスキルを活用して日本の未来を切り拓いていってください。

UR多摩平団地再生計画
「たまむすびテラス」

執筆：株式会社ブルースタジオ　大島芳彦

2章
不動産売買の知識

2-1 不動産業ビジョン

ここが大切!	
☑	不動産業のあるべき将来像や目標、官民共通の指針を示したもの
☑	不動産市場は社会経済情勢に大きく影響される
☑	官民共通の目標として7つの項目が設定されている

1 25年ぶりに不動産業ビジョンを策定

　国土交通省は2019年4月、官民が一体となった議論の末に約4半世紀ぶりに『不動産業ビジョン2030』を策定しました。

　これは、日本の国民生活がさまざまな要因で大きく変化するなかで、「不動産業」が今後も経済成長を支える基幹産業であることを前提としたものであり、「不動産業」のあるべき将来像や目標を認識し、官民共通の指針とするために発表したものです。今後の日本国民の住生活を国が主導するだけでなく、企業も大きな責任を担いながら施策を展開すべく、その意識醸成の契機になることを狙ったものです。

参考：『不動産業ビジョン2030』はインターネットで閲覧できます。
　（https://www.j-reform.com/publish/publish_business.html）

2 社会経済情勢の変化

　不動産業を取り巻く市場環境の変化は、9つの視点に集約されます。リノベーションにも新築にも共通する社会情勢の変化を示すものであり、これらをよく理解することが求められます。

① 少子高齢化・人口減少の進展	② 空き家・空地など遊休不動産の増加、既存ストックの老朽化	③ 新技術の活用・浸透
④ 働き方改革の進展	⑤ グローバル化の進展	⑥ インフラ整備の進展による国土構造の変化
⑦ 地球環境問題の制約	⑧ 健康志向の高まり	⑨ 自然災害の脅威

3　不動産市場の変化

『不動産業ビジョン2030』では、社会経済情勢の変化によって起こりうる消費者ニーズの変化についても示されています。ビジョン策定の議論が始まったのは2018年で、新型コロナウィルス感染症拡大が起こる前でしたが、同書はその中で「企業のテレワーク導入率の高まり」や「所有から利用への志向の増加」など、これまでの暮らしや住まいの常識が変化していくことを予見しており、これらはコロナ禍で急速に国民生活に浸透していきました。そして不動産市場も、こうした変化の影響を受けて絶え間なく変化しています。

4　これからの不動産ビジョン7つの目標

本ビジョン全体の基本コンセプトとして、人口減少や少子高齢化など社会情勢が急速に変化している状況下では「時代の要請や地域のニーズを踏まえた不動産を形成し、それら不動産の活用を通じて、個人・起業・社会にとって価値創造の最大化（＝不動産最適活用）を図ること」が重要と示されています。

そしてこれを実現するために、官民共通の目標として次の7つが策定されました［表1］。

表1：官民共通の目標

① 「ストック型社会」の実現	② 安全・安心な不動産取引の実現	③ 多様なライフスタイル・地方創生の実現
・既存住宅市場の活性化、空き家等の最大限の活用に加え、不動産の「たたみ方」にも配慮を ・新規供給は、後世に承継できる良質なものを	・安全・安心な不動産取引こそすべての基礎 ・宅建業法など制度の適正な運用徹底を ・高齢化、グローバル化等に対応した紛争防止を	・技術革新により場所制約が緩やかになっているため、一時的でも地方を拠点とした活動展開の検討を ・地域資源の活用など、関係者による積極的な議論を

④ エリア価値の向上	⑤ 新たな需要の創造	⑥ すべての人が安心して暮らせる住まいの確保	⑦ 不動産教育・研究の充実
・地域ニーズを掘り起こし、不動産最適活用を通じて、エリア価値、不動産価値の相乗的な向上を	・高齢化、外国人対応など新たなニーズの確実な取り込みを ・複数不動産の所有、活用促進を	・単身高齢者、外国人、子育て世帯などすべての人が安心して暮らせる住まいとサービスを	・不動産に対する国民の理解促進に向けさまざまな機会を通じた不動産教育の充実を

出典：国土交通省『不動産業ビジョン2030』〜令和時代の「不動産最適活用」に向けて〜（概要）より

ここに掲げている目標すべてにつながる推進者として、時代の要請の先端にいる仕事であることをよく理解し、常に能力の自己研鑽に励むことが大切です。

2-2 中古住宅取引の流れ

ここが大切!

☑ 中古住宅取引には「仲介（媒介）」と「買取」の2種類がある

☑ 中古住宅の媒介契約には3種類がある

☑ 不動産売買とリノベーションが連携したサービスが増加

1 「仲介（媒介）」と「買取」の違い

中古物件の取引において押さえておくべきポイントを解説します。まず、中古住宅の取引には「仲介（媒介）」と「買取」の2つの方法があります［図1］。

「仲介（媒介）」とは、不動産会社が買主と売主の間に入って両者の契約を成立させる方法で、売主の代わりに販売活動や契約関係の手続きを取りまとめます。不動産会社は管理している購入希望者に物件を紹介したり、新聞折り込みチラシや不動産情報サイトなどの広告媒体を使って購入希望者を探したりします。多くはマイホームを探している個人のお客様が対象となります。

「買取」は、不動産会社が自社で物件を買い取って、リノベーションなどの魅力的な付加価値を上乗せして再度販売（再販）を行う方法です。

一見すると同じに見える「仲介」と「買取」の違いは、売却手続き期間と売却価格にあります。仲介の場合、不動産の買主を探すところから始まり、交渉、契約と、手続き完了までに時間がかかります。しかし不動産市場の相場価格で取引ができる点が売主にとっての大きなメリットです。一方で「買取」は、不動産会社が物件を購入するため、集客や内覧が不要で手続きは早期に完了しますが、仲介と比べると売却価格が低くなります。まずは2つの取引方法を理解しておきましょう。

図1：中古住宅の取引

豆　知　識

「両手」と「片手」

売買契約が成立すると、手数料が不動産会社に支払われます。「両手」は、売主と買主とのやりとりを1社で完結させ、売主・買主の両方から仲介手数料を受け取ること。「片手」は、売主・買主のそれぞれに別の不動産会社が携わり、手数料を受け取ることを意味します。ここで注意すべきは「物件の囲い込み」です。法律違反ではありませんが、手数料を売主・買主双方からもらえる両手仲介を狙って、自社物件を隠ぺいすることが問題視されています。

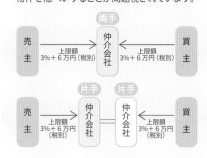

2 不動産仲介で使われる3種類の媒介契約

仲介（媒介）契約とは売主・買主が不動産の売買交換・賃貸借をするために、不動産会社に取りまとめを依頼する契約のことです。

媒介契約には、①専属専任媒介契約、②専任媒介契約、③一般媒介契約、の3種類があります［図2］。契約内容の大きな違いは、複数の不動産会社と媒介契約ができるか、売主が見つけた買主と売買契約を結ぶ「自己発見取引」ができるか、「指定流通機構」（レインズ）の登録義務があるかなどです。一般的には②専任媒介契約が多く、この場合はレインズへの登録を行う必要があります。

図2：3種類の媒介契約

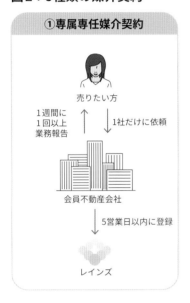
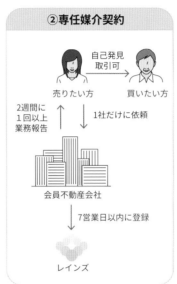
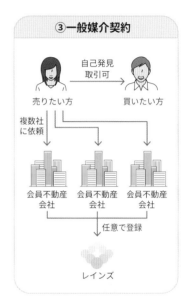

3 不動産売買からリノベーションまで1社完結のサービスも

中古住宅の売買の方法も時代に合わせて変化しています。以前は中古を買ってリノベーションを行う際、住宅ローンとリフォームローンを別々に組む必要がありました。しかし、昨今は物件とリノベーションを合わせた低い金利の住宅ローンを組めます。そのため、不動産業とリノベーション業者が連携したワンストップサービスを行う企業が増えています［図3］。そもそも不動産会社と建築会社は提供するサービスの内容が変わるので、それぞれの特徴を確認しましょう（p24）。

図3：ワンストップサービスの概念図

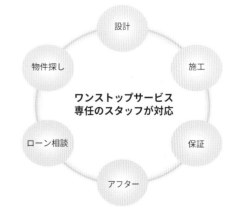

2-3 売買契約前に確認する書類①

ここが大切!
- ☑ 契約前に「重要事項説明書」を説明するのは義務
- ☑ 「重要事項説明書」には3つの項目がある
- ☑ その他の事項を確認することが大切

1 必ず確認しておくべき3つの資料

　不動産売買を行ううえで、必ず確認しておくべき資料が3つあります。①「重要事項説明書」、②「物件状況報告書」（p36）、③「重要事項調査報告書」（p37）です。①「重要事項説明書」は、宅地建物取引業法35条で定められている事項を記載した書類で、売主と仲介している不動産会社が作成します。売買時に契約書とともに添付される②「物件状況報告書」やマンション特有の③「重要事項調査報告書」も確認しておくべき書類。仲介（媒介）業者と、マンションの管理会社に頼んで開示してもらい、確認しておきましょう。ここでは、重要事項説明書について解説します。

2 「重要事項説明書」で確認すべきこと

　不動産売買契約をするうえで、不動産会社はお客様に大切な事柄を説明する義務があります。そのときに使用するのが「重要事項説明書」です。「重要事項説明書」には、①主に物件に関すること、②取引条件に関すること、③その他の事項、が書かれており、お客様が契約をするかどうかを決めるうえで必要な情報を記載します。また、マンションなどの場合は、建物や敷地に関する事項も記載する必要があります。2006年4月より石綿（p42）の有無や耐震診断について重要事項として説明することが義務付けられました。

　また、「重要事項説明書」のなかにある「その他重要な事項」の欄には、売買した物件特有の内容が記載されており、買主が承認しなければならない項目もあるので、しっかり読み込んでおきましょう。

豆　知　識

重要事項説明書などの電子化

2022年5月に施行された宅地建物取引業法改正によって、重要事項説明書を含む契約書の電子化が認められました。これにより、現地に契約者がいなくとも不動産の売買が可能となりました。詳細は、国土交通省「ITを活用した重要事項説明及び書面の電子化に係る改正」をご覧ください。

重要事項説明書の事項例

①対象となる宅地または建物に直接関係する事項

1. 登記記録に記録された事項
2. 都市計画法、建築基準法等の法令にもとづく制限の概要
3. 私道に関する負担に関する事項
4. 飲用水・電気・ガスの供給施設および排水施設の整備状況
5. 宅地造成または建物建築の工事完了時における形状、構造等（未完成物件のとき）
6. 当該宅地建物が造成宅地防災区域内か否か
7. 当該宅地建物が土砂災害警戒区域内か否か
8. 石綿（アスベスト）使用調査の内容
9. 耐震診断の内容
10. 住宅性能評価を受けた新築住宅である場合（住宅性能評価書の交付の有無）

②取引条件に関する事項

1. 代金および交換差金以外に授受される金額
2. 契約の解除に関する事項
3. 損害賠償額の予定または違約金に関する事項
4. 手付金等の保全措置の概要（業者が自ら売主の場合）
5. 支払金または預り金の保全措置の概要
6. 金銭の貸借のあっせん
7. 瑕疵担保責任の履行に関する措置の概要
8. 割賦販売に係る事項

③その他の事項

1. 供託所等に関する事項
   ＊ その他、取引の判断に重要な影響を及ぼす事項についても記載・説明されます。

マンション等の区分所有建物の場合には、さらに次の事項が記載されます。

＊ 一棟の建物またはその敷地に関する権利およびこれらの管理・使用に関する事項
（1）敷地に関する権利の種類および内容
（2）共用部分に関する規約の定め
（3）専有部分の用途その他の利用の制限に関する規約等の定め
（4）専用使用権に関する規約等の定め
（5）所有者が負担すべき費用を特定の者のみ減免する旨の規約等の定め
（6）計画修繕積立金等に関する事項
（7）通常の管理費用の額
（8）管理の委託先
（9）建物の維持修繕の実施状況の記録
（10）その他

出典：「これでわかる! 重要事項説明書」（一般財団法人 不動産適正取引推進機構）

売買契約前に確認する書類②

☑ 物件状況報告書の作成を怠ると契約不適合責任につながる
☑ 石綿、雨漏り、シロアリ被害の有無などは事前に確認する
☑ 中古マンション売買の場合は「重要事項調査報告書」も必要

1 契約不適合責任につながりかねない「物件状況報告書」

「物件状況報告書」は、買主に対し不動産の状態を報告するための書類です。土地、建物、その他の3項で構成されています［表1］。「物件状況等報告書」の交付は義務付けられていませんが、石綿（p42）や雨漏り、シロアリ被害の有無といった重要な事項は告知の義務があり、記載を怠ると契約不適合責任（p38）に問われてしまう可能性もありますので、可能な限り詳細を記入しましょう。

表1：物件状況報告書の構成例

①土地関係	②建物関係	③その他
境界確定の状況／土壌汚染調査等の状況／土壌汚染等の瑕疵の存否または可能性の有無／過去の所有者と利用状況／周辺の土地の過去および現在の利用状況	新築時の設計図書等／増改築および修繕の履歴／石綿の使用の有無の調査の存否／耐震診断の有無／住宅性能評価等の状況／建物の瑕疵の存否または可能性の有無／過去の所有者と利用状況	消費生活用製品安全法（昭和48年法律第31号）第2条第4項に規定する特定保守製品の有無／従前の所有者から引き継いだ資料／新築・増改築等に関わった建設業者／不動産取得時に関わった不動産流通業者等

上表のように、目視だけでは分からない過去の履歴も記載されています。売買の段階で、調査が念入りにされないまま不動産会社が見落とし、買主が把握していない場合、リノベーション時の解体範囲が拡大したり、途中まで施工したものをやり直したり、設計を見直したりする作業が発生しかねません。費用も余計にかかってしまうこともあるので注意しておきましょう。より正確に把握するために、インスペクション（p40）を実施するのも1つの手です。

中古マンション売買に必須の「重要事項調査報告書」

「重要事項調査報告書」は、主にマンションの管理の仕方や修繕の状態、管理費、修繕積立金などの積み立て状況や滞納額などの情報まで細かく記録されている書類です[表2]。原則として不動産の売買契約時までに管理会社を通じて取得します。長期修繕計画に関する履歴も概要的に記載されているため、共用部分に属する部分の劣化状況と修繕実施内容を把握することができます。

前述の売買契約に関する「重要事項説明書」(p34)と、物件管理に関する「重要事項調査報告書」は、内容が重なる部分もありますが、それぞれ性質が異なります。

「重要事項調査報告書」はマンションに関する適正な管理に関する情報であり、修繕の予定についても記載されていることが多く、買主にとってもリノベーションするうえで重要なことが記載されています。特に築後数十年のマンションにおいては、修繕積立金の値上がりや、建て替えに関する協議事項、耐震補強工事に関する修繕積立金の出金計画、大規模な修繕計画に関する金融機関への借り入れ決議事項、現在のマンション全体(管理組合全体)が抱えている問題点なども、読み取るべき内容です。

不動産の仲介会社は、管理会社から得た「重要事項調査報告書」の情報をもとに「重要事項説明書」を作成するので、「重要事項調査報告書」のほうが詳細といえます。

表2：重要事項調査報告書の内訳例

管理体制関係	新築時の設計図書等／増改築および修繕の履歴／石綿の使用の有無の調査の存否／耐震診断の有無／住宅性能評価等の状況／建物の瑕疵の存否または可能性の有無／過去の所有者と利用状況
共用部分関係	築年数や共用部分に関する規約、駐車場・自転車置場・バイク置場など
売却依頼主負担管理費等関係	管理費・使用料や、その管理費等支払方法、遅延した場合の損害金など
管理組合収支関係	直近の管理費会計・修繕積立金会計の収入総額・支出総額・繰越額、当年度の収支予算、管理費等滞納および借入の状況、管理費の変更予定など
専有部分使用規制関係	専有部分の用途、専有部分の使用規制(ペット、専有部分内工事、楽器等音に関する制限の有無など)、マンション全体の契約等による規制
大規模修繕計画関係	長期修繕計画の有無、共用部分などの修繕実施状況(屋根、外壁、内壁、ベランダ、鉄部、給水管設備、排水管設備、電気幹線設備、ガス配管設備、エレベーター設備など)、大規模修繕工事実施予定
石綿使用調査の内容	調査結果の記録の有無
耐震診断の内容	耐震診断の有無
コミュニティ関係	自治会等の活動など
その他	物件特有の専有部分サービス、テレビ共聴、インターネットサービス、共用部分における重大事故・事件など

出典：「管理に係る重要事項調査報告書作成に関するガイドライン」(一般社団法人マンション管理業協会)

2-5 契約不適合責任の対応

ここが大切！

- ☑ 「瑕疵担保責任」から「契約不適合責任」に改正
- ☑ 隠れた瑕疵も責任を負うことになる
- ☑ 瑕疵を免責に含めるのか検討する

1 契約不適合責任とは

　2020年4月の改正民法の施行により、売買の対象物件に不具合があった場合の「瑕疵担保責任」が、「契約不適合責任」として改められました［表1］。大きな変更点は、買主が請求できる項目が、瑕疵担保責任では「契約解除」と「損害賠償」だったのに対し、契約不適合責任では「追完請求」「代金減額請求」「催告解除」「無催告解除」「損害賠償請求」が請求できるようになったことです。買主にとっては、中古物件をより安心安全な状態で買いやすくなった一方、売主や仲介を行う不動産会社の責任は重くなりました。また、これまで売主は「隠れたる瑕疵」については瑕疵担保責任を負うこととなっており、契約時点で買主が知っていた「瑕疵」は責任の対象外でした。一方、改正法では契約の内容に適合しているか否かが判断基準となるため、売主は買主が契約時に知っていた契約不適合（瑕疵）についても責任を負う可能性があります。

表1：瑕疵担保責任と契約不適合責任の違い

	改正前	改正後
名称	瑕疵担保責任	契約不適合責任
責任の性質	法的責任	契約責任
責任対象	「隠れた」瑕疵が前提	「隠れた」は不要
損害賠償	帰責事由は不要	帰責事由が必要
契約解除	契約目的が達成できない場合に限り解除が可能。帰責事由は不要	契約の目的が不達成との要件はなく、軽微なものではない限り解除は可能。帰責事由は不要
修補請求権	なし	あり
代金減額請求権	なし	あり
責任の保全	知った時から1年以内に権利行使が必要	知った時から1年以内に契約不適合を通知すれば足りる

出典：「瑕疵担保責任から契約不適合責任へ」（一般社団法人住宅金融普及協会）

② 瑕疵の定義を理解する

　一般的に中古物件での瑕疵とは、石綿（p42）や雨漏り、シロアリ被害の有無、配管の不具合といった事項で、「物件状況報告書」（p36）に記載されます ［図1］。新築と違い、中古物件には多少の傷や汚れがありますし、設備の不具合も起こりえます。そのため、あらかじめ免責に含めるか否かも検討しましょう。瑕疵といわれてしまえば苦しくなりますが、「お客様の不安不満を解消する」と考えれば、不動産購入＋リノベーションを提案することで有効な対応策が見えてきます。

図1：中古住宅の瑕疵の例（木造戸建て住宅とマンションの場合）

鉄筋コンクリート造の共同住宅の例

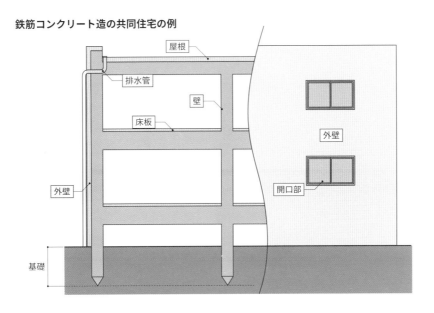

木造（在来軸組工法）の戸建住宅の例

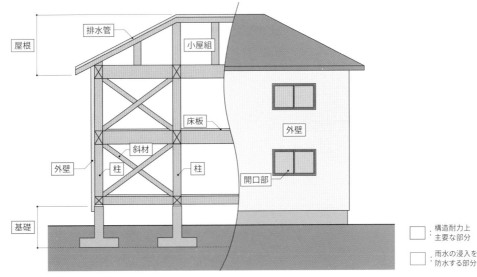

出典：「住宅瑕疵担保履行法について」（国土交通省）

- 構造耐力上主要な部分
- 雨水の浸入を防水する部分

インスペクションと建物状況調査

☑ 建物状況調査の説明とあっせんは不動産会社の義務

☑ 建物状況調査と瑕疵保険会社のインスペクション項目は違う

☑ インスペクションにより「物件状況報告書」を詳細に記載できる

1　インスペクションの有無の確認は義務

　インスペクション（住宅診断）とは、資格をもった第三者の専門家が建物を破壊せずに目視や動作確認をしながら現状の検査を行うことです。中古市場の流通が圧倒的に多いアメリカでは、インスペクションを使うことが定着しています。日本も首都圏や関西圏では新築住宅より中古住宅の市場規模が大きくなり、2018年に改正された宅地建物取引業法では、既存（中古）住宅の売買時にお客様へ「建物状況調査」（インスペクション）の説明をすることと、希望に応じた斡旋をすることが義務化されました。さらに「契約不適合責任」（p38）の改正に伴い売主側の責任が重くなったことから、インスペクションの重要性は高まったといえます。もちろん、インスペクションをすることは売主を守るだけでなく、買主の安心にもつながります。また、修理やリノベーションの時期や金額などの計画も立てやすくなります。

2　インスペクションと建物状況調査の違い

　インスペクション（住宅検査）といっても、大きく分けると2種類存在します［図1］。まず、インスペクションのなかでも説明義務化の「建物状況調査」は、宅地建物取引業法で定められた基準「既存住宅インスペクション・ガイドライン」に則って行われるものを指します。一方で、瑕疵保険を付保するために必要な調査（インスペクション）もあります。詳細はp76〜77をご参照ください。これは、瑕疵保険法人によって検査項目が異なります。ですので、既存住宅瑕疵担保責任保険の加入にあたっては、各瑕疵保険会社の検査項目を含めてインスペクションをする必要があります。

図1：インスペクションの種類

3 インスペクションの活用

p36でも触れましたが、インスペクションを行うことで「物件状況報告書」をより正確に記載することが可能になります。今後の中古住宅市場では、売主による「インスペクション実施済の安心な物件」と「インスペクションを実施していない物件」で、さまざまな面での評価が変わってくると予想されます。ここでは、「建物状況調査」における具体的な検査項目を紹介します。

まず、戸建て住宅においては、外周と内装を目視で検査します。外周では、屋根の雨漏り、基礎・外壁・サッシ廻りのひび割れなどを確認します。内装では、主に雨漏りの有無や、柱・梁・床組などのひび割れや劣化、床の傾きなどを検査します。マンションでは外周が共用部分になるため、主に内装の調査を戸建て住宅同様に行います。検査の結果、指摘があったからといって欠陥住宅と認められるわけでは必ずしもありません。欠陥が構造にかかわる致命的なものか、修繕程度で済むものなのかを、設計士と判定する必要があります。なお、表1の項目は「建物状況調査」には含まれないので注意が必要です。

また、「建物状況調査」や瑕疵保険会社が定めるインスペクションを行う場合、申込みから実施まで約1週間、調査から調査報告書が届くまでにさらに約1週間かかるので、あらかじめお客様にスケジュールを伝えておくことも大切です。

〈マンションでのインスペクション項目（一部）〉

バルコニー・共用廊下の防水層のひび割れやひび割れ、劣化、欠損などの確認

屋上や屋根における防水層のひび割れなどの確認

コンクリート圧縮強度の確認

〈戸建て住宅でのインスペクション項目（一部）〉

給排水管路の水漏れ、接続不良の確認（マンションも共通）

小屋組の劣化状況および雨漏り跡の確認

土台などのひび割れ、劣化等および水染み跡の確認

写真提供：株式会社住宅あんしん保証

表1：「建物状況調査」に含まれていないもの

①	②	③	④
設計図書などと照合をすること	現行の建築基準法関係規定への違反の有無を判定すること	耐震性や省エネ性などの住宅に関する個別の性能項目について性能の程度を判定すること	劣化事象等が建物の構造的な欠陥によるものか否か、欠陥とした場合の要因が何かといった、瑕疵の有無または原因を判定すること

2-7 石綿・地中埋設物の売買責任と対応

1 石綿が使用されている建物は大量にある

石綿とは、別称アスベストといわれ、鉄骨の防火被膜としてだけでなく、内装床材の裏面や天井材の防火用材としても使われ、性能、コスト、作業性から幅広く重宝されていました。しかし、2001年に発がん性や呼吸器疾患を発病することが判明して使用が禁止され、グラスウールなどに代替されてきました。現在は使用されていませんが、石綿の輸入量がピークだったのは1970年から1990年ということもあり、石綿が使用されている建物はまだ大量にあると考えてよいでしょう。石綿は壁や天井だけでなく、地中に埋まっていることもあります（地中埋設物）。売主が地中埋設物の存在を知っていた場合、契約不適合の責任を負う可能性があるので注意が必要です。

2 石綿障害予防規則、大気汚染防止法の改正について

2022年4月1日から、建築物などの解体・改修工事を行う施工業者（元請事業者）は、下記に該当する工事で石綿含有有無の事前調査結果を労働基準監督署に報告することが義務付けられました。報告は、環境省が所管する大気汚染防止法にもとづき、地方公共団体にも行う必要があります。（この報告は、原則として電子システム「石綿事前調査結果報告システム」から行う必要があります）

石綿の有無にかかわらず、以下のいずれかに該当する場合には報告が必要です。

報告対象となる工事
① 解体部分の延べ面積が80㎡以上の建築物の解体工事
② 請負金額が税込100万円以上の建築物の改修工事
③ 請負金額が税込100万円以上の特定の工作物の解体または改修工事
④ 総トン数が20トン以上の船舶（鋼製のものに限る）の解体または改修工事

なお、2023年10月以降は、事前調査は有資格者＝建築物石綿含有建材調査者が行う必要があります。
■ 石綿事前調査結果報告システム（https://www.ishiwata-houkoku.mhlw.go.jp/shinsei/）

2-8 現地調査の実施

☑ 築40年以上の建物が竣工図と異なることは日常茶飯事

☑ 買主の立ち合いのもと現地調査を行うのが理想

おろそかにしてはいけない現地の目視調査

　内見調査を怠ったままリノベーションの計画を立案することは、決して行ってはいけません。給水管の位置、梁、柱の位置が竣工図面と異なることがあるので、竣工図等を鵜呑みにするのは危険です。特に、築年数が40年を超えるような建物では、図面が現代のように精密に記載されておらず、まったく当てにならないケースも多いのです。

　マンションの場合、本来はリノベーション工事を実施する専有部分内を通っているはずの給水管が、実際は階下の天井裏を通過しているなど、工事を実施する際にも下階の住民への報告と協力を得る必要が出てくることもあり、調査を行わないと大きな問題につながります。エアコンも、現代のマルチ機能エアコンを設置したくても、それに必要なサイズ（径）のダクトが配管されていなかったり、既存のセントラルヒーティングの活用を余儀なくされたり、インターネットの設備配線が専有部分まで引き込まれていなかったりなど、現代の生活スタイルを実現する条件が整っていないことに対して購入後に驚く買主もいます。

　中古の戸建て住宅をリノベーションする場合も同様で、建物本来の構造をよく確認する必要があります。特に、間取り変更で柱や梁を抜いたり、壁など撤去したりする際には、耐力壁か否か、柱や梁は補強すれば大丈夫かなどの検討が重要です。また、土地と建物が個人所有となるため、土地の状況確認も大切です。築年数が古いと、既存不適格建築物（建蔽率・容積率オーバーなど）も存在しており、増築や減築の建築確認時にトラブルになる可能性もあります（p52～p53）。土地の状況は、測量図（確定測量図）どおりに境界杭が設置され、境界が正しく明示してあるかの確認なども必要です。

　原始的ではありますが、このような事実認識を買主の立ち合いのもと確認し、残存している資料と照らし合わせて、その差異を1つひとつ明らかにしておくことが、計画を行き戻りなく進めらるためのポイントといえるでしょう。

2-9 管理規約・リフォーム細則の読み方

ここが大切！ ☑ 工事中の騒音トラブルを防ぐため、工期や申請方法を厳守する

☑ トラブルを未然に防ぐために近隣や地域特有のルールも読み解く

マンションなど共同住宅の工事のルールを確認する

「管理規約」「リフォーム細則」は区分所有建物（マンション）に限られたものですが、売買契約のときにも、リノベーションを行うときにも確認必須の重要な書類といえます。「管理規約」には、主にリフォーム・リノベーション工事を行ううえでのルールが記載されています。

特に関連するのが、①工事申請について、②工事実施期間について、③工事の告知範囲について、④床に関する規約、⑤窓・サッシに関する規約です。工事に関しても着工前の工事申請のタイミングや承認されるまでの流れ、審査の内容が記載されています。リノベーション工事では、工事期間中に発生する騒音はトラブルになりやすいので、必ず確認し、注意深く進めていくようにしましょう。

また、仕様の制約がないかも確認します。床はカーペットのみでフローリングの設置不可の物件もあるなど、厳しい遮音性能を定めている物件もあります。このほか水廻りの設置範囲が厳格に定められていたり、申請している設計図面および施工図面と合致しているかの確認を受けなければならなかったりするフローもあるので、見落とさないようにします。

一方で、サッシに関する規約は、いまだに整備されていない場合が多く、「改修を禁止する」としか記載されていないこともあり、マンションによってさまざまなので注意が必要です。何も記載がないにもかかわらず、改修できないことを後から伝えられるといったケースも珍しくありません。近年のリフォーム・リノベーションのニーズの高まりに合わせて、管理組合が細則を修正していればよいのですが、多くの物件ではそこまで管理されていません。

近隣・地域特有のルールを読み解き、申請受付や承認者が誰かを理解して進めないと、大きなトラブルになることもあります。そこで不動産事業者と設計・施工会社との間でしっかりと意思疎通できる関係を築くことも重要な役割といえます。

2-10 長期修繕計画の履歴と予定

- ☑ 既存マンションの長期修繕計画期間は30年以上と定められている
- ☑ 大規模修繕工事の時期により専有部分の工事ができないことがある

大規模修繕は専有部分の工事にも影響する

「長期修繕計画履歴」は、そのマンションの過去・現在・未来の健康状態を知り、推察するための資料です。現在、築40年超のマンションは約81万戸を数え、10年後には198万戸、20年後には367万戸になるといわれています。マンションの長寿命化や、適切な維持管理体制は重要事項でしょう。

「マンション管理の適正化推進に関する法律」の2022年改正を踏まえ、長期修繕計画等のガイドラインの変更が行われ、今まで25年以上だった既存マンションの長期修繕計画期間が、30年以上に延長されました。新築マンションと同様の期間に統一されましたが、その行使状況はマンションによって差があるのが実状です。外壁、給排水、防水部、大型設備（給水設備、エレベータ）のような大規模な修繕は、10～12年程度の周期で実施されますが、経済的な影響や実際の劣化状況に伴い実施時期は前後することがあります。

このような大規模修繕は、一見、共用部分を対象にしているようですが、リフォーム・リノベーションの対象となる専有部分にも大きく影響します。たとえば、最上階住戸や中部屋以外の妻側住戸などは防水性能劣化の影響を受けますし、ときには管理組合の共用部分の是正が終らないと専有部分の工事に着手できないこともあります。大規模修繕を控えたマンションでは、該当工事が終るまで大規模な内装の改修を禁止することも珍しくありません。決して共用部分に限るものではなく、専有部分の工事計画に影響することもあるので、「長期修繕計画履歴」も事前に必ず確認しておきましょう。

一方、建物管理意識が低く、不適切な管理会社に委託管理しているマンションでは、修繕がままならず、劣化の進行が激しい場合もあります。そのため、物件購入の際には「重要事項調査報告書」など、マンション管理会社が発行する資料や理事会の議事録を読み解く必要もあります。積立修繕金が少ない場合は、管理費・修繕積立・特別徴収金などが出ることも。専有部分だけに留まらず、共用部分を含めて見極めるポイントを理解しておきましょう。

リノベーション業界の変遷と今後

　「リノベーション」という言葉が日本で使われ始めたのは、1990年代半ば、住宅メーカーがリフォーム業に力を入れ始め、個性的なセンスと価値観に裏付けられた改修事業を東京や大阪で推進しだしたころからです。一般社団法人 リノベーション住宅推進協議会（現在は、一般社団法人 リノベーション協議会）の代表理事会社である株式会社インテリックスが産声を上げたのもこのころです。その後、イデーの創業者である黒崎輝男氏がリノベーションの「R」に着目し、「R-project」

を2001年に立ち上げました。住空間だけでなく、街づくりを意識したリノベーションを提唱したその先見性には驚かされます。2003年には、株式会社都市デザインシステム（現在は、UDS株式会社）が「CLASKA（クラスカ）」というリノベーションホテルを開業し、リノベーションの可能性を世に知らしめ、建設不動産業界に衝撃が走りました。

「ホテルニューメグロ」をリノベーションしたホテル「CLASKA（クラスカ）」。ただし、竣工から50年以上経過した建物は老朽化が進みつつあり、今後リノベーションホテルとしての個性を保ちながら将来にわたって永続的に保守整備・改修を行うことが困難であるとの判断から、2020年12月に閉館した
企画・設計：UDS株式会社

　時を同じくして不動産業界にも新しい風が吹き始めました。新しい視点で不動産を発見していくサイト「東京R不動産」の出現です。「○○区、予算○○万円以内、広さ○○㎡以上、バルコニーは南向き…」といった不動産業の既成概念を打破し、不動産との新しい接し方を教えてくれました。不動産業が"モノ売り"から"コト売り"になった瞬間だったのかもしれません。2004年ごろからは、「おんぼろ不動産マーケット」

東京R不動産のトップページ。"掘り出し物"の魅力的な不動産が並ぶ

をはじめとして、不動産仲介とリノベーション工事を一貫体制で行うサービス、いわゆるワンストップリノベーションを行う企業が増えていきました。

　最近では、異業種によるリノベーション事業の参入が見られるようになりました。「無印良品」や「二子玉川 蔦屋家電」などはご存じの人も多いことでしょう。今後、人口が減少していく日本において、SDGsへの取り組みも相まって「スクラップ＆ビルド」が受け入れられなくなっていくことは必定です。その市場性に着目した異業種の企業がリノベーション業界に名乗りを上げることは、容易に想像できます。経済がシュリンクしている日本では、どの業界でも業種の垣根を

「二子玉川 蔦屋家電　HOUSING & RENOVATION」のショールーム

越えた新たな分野に攻め込まざるを得ない状況になっていることからも、それは確かです。これからどのような企業がリノベーション業界に進出してくるのでしょうか。楽しみでもあり、恐ろしくもあります。

執筆：株式会社NENGO　的場敏行

3章
建築法規に関わる知識

3-1 リノベーションも法令遵守が前提

ここが大切！
- ☑ 建築確認が不要の場合でも建築基準法などの関連法規は遵守
- ☑ 法令違反には事故や不動産価値の下落、罰則というリスクあり
- ☑ 建築確認が必要な改修では検査済証の有無で対応が変わる

1 法令違反は損害や不動産価値の下落を生む

　建築物を計画する場合は、建築基準法をはじめとする関連法規で定められたルールを遵守する必要があります。とりわけ新築の場合は、建築確認（計画している建築物が、建築基準法に適合しているかどうかを審査）や中間検査、完了検査というように第三者（指定確認検査機関や特定行政庁）によって建築物が正しく計画・施工されているか、が厳しくチェックされています。一方、リノベーションの場合は、工事の規模にもよりますが、特に戸建て住宅・マンション（専有部分）では、建築確認などを実施する必要がないケースが多く、第三者によるチェックを受けずに、計画や施工が行われているのが実態です。

　だからといって、関連法規のルールをないがしろにするのはご法度です。法令違反によって、地震や火災などの災害時に建物被害が発生すると、住まい手の健康や財産に悪影響をおよぼす可能性があるほか、法令違反の中古物件は、不動産売買において「当該物件の評価額が低下して、売却に際して不利になる」「住宅ローンの対象とならず買い手が付かない」といった事態が想定されるからです。加えて、建築基準法その他の関係法令では、違反者に対する罰則を規定しています［図1］。

図1：建築関連法規に違反した際の罰則例

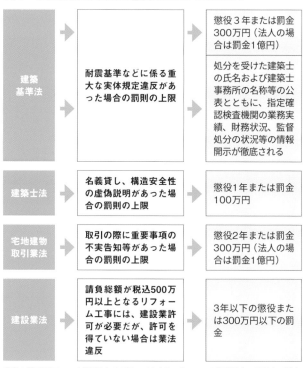

建築基準法	耐震基準などに係る重大な実体規定違反があった場合の罰則の上限	懲役3年または罰金300万円（法人の場合は罰金1億円）
		処分を受けた建築士の氏名および建築士事務所の名称等の公表とともに、指定確認検査機関の業務実績、財務状況、監督処分の状況等の情報開示が徹底される
建築士法	名義貸し、構造安全性の虚偽説明があった場合の罰則の上限	懲役1年または罰金100万円
宅地建物取引業法	取引の際に重要事項の不実告知等があった場合の罰則の上限	懲役2年または罰金300万円（法人の場合は罰金1億円）
建設業法	請負総額が税込500万円以上となるリフォーム工事には、建設業許可が必要だが、許可を得ていない場合は業法違反	3年以下の懲役または300万円以下の罰金

出典：「住宅リフォーム業者のための知っておきたいリフォーム関係法令の手引き」（住宅リフォーム・紛争処理支援センター／住宅リフォーム推進協会）

したがって、中古物件の販売に関わる人およびリノベーションを提案する人には、法令遵守の精神が求められます。建築基準法や消防法といった法規の知識を得る必要があるほか（p50〜51）、戸建住宅やマンションそれぞれの用途に関連する関連法規の基準（p52〜57）についても正しい理解が必要です。

近年、国は建築物の省エネ化に力を入れており、それに関する法令改正も順次を行われています。リノベーションも無関係ではありません。その動向についても逐一把握しておきましょう（p58）。

2　建築確認が必要な場合は検査済証の有無が重要

中古住宅にありがちなのが、新築当時における確認済証（建築物の設計段階において建築確認を行い、問題がないと判断された場合に発行される書類）や検査済証（建築物の建築工事完了時点において完了検査を受け、問題がないと判断された場合に発行される書類）が残存していないというケースです。特に検査済証は、実際に建築されたものが遵法であるかどうかを問う書類。中古住宅の販売やリノベーションを行う際に重要な書類となります。

具体的に、戸建て住宅やマンションのリノベーションでは、増築や大規模な「修繕」「模様替え」というように、場合によって建築確認を新たに行う必要のあるケースがあります（p53）。このとき対象物件の検査済証がなければ、①：建築確認が認められずに、増築や「修繕」「模様替え」に制限がかかる、②：中古物件購入の際、金融機関によっては住宅ローンの融資が受けられないことがある、③事故リスクのある物件とみなされ、売却しにくい可能性がある、といった問題が生じます。こうした検査済証のない建物は、2005年に起きた構造計算書偽造問題以前に建てられた建築物には非常に多く、中古住宅を取り扱ううえで、非常に悩ましい問題となっています。

こうした状況を踏まえて、国土交通省は2014年7月に「検査済証のない建築物に係る指定確認検査機関を活用した建築基準法適合状況調査のためのガイドライン」を策定。現在では、このガイドラインに基づいた調査を行えば、検査済証がなくても増改築が認められることがある、という方針に切り替わっています［図2］。

具体的には、対象となる物件が既存不適格建築物（p52）であることを証明する書類「既存不適格調書」を作成するというものです。このようにすれば、新たに建築済証や検査済証を取得することが可能になり、検査済証がないことによる①〜③の問題は解決され、建築物としての価値を高めることが可能になります。検査済証の獲得は、中古物件の流通や価値向上に関して重要な要素といえるのです。

図2：大規模なリノベーションで建築確認が必要な場合に必要となる書類

検査済証がある場合	→	検査済証を指定確認検査機関や特定行政庁に提出する
検査済証がない場合	→	既存不適格調書を作成し、検査済証の代わりに指定確認検査機関や特定行政庁に提出する

＊　建築確認時の図面や竣工図も必要。特に、戸建て住宅については、検査済証取得後の増改築の有無、増改築がある場合は、その内容・履歴を確認する必要がある。加えて、建築確認図面、竣工図などがない場合、実測図を作成して面積の確認などが必要な場合がある

リノベーションに関わる法規①
総論

- ☑ 建築基準法は新築・リノベ問わず、建築物に関わる最低基準
- ☑ 建築基準法と消防法のセットで火災から人命を守る
- ☑ 分譲マンションでは管理規約に加えて "区分所有法" を再確認

1 建築基準法の実体規定には単体規定と集団規定がある

「建築基準法」とは、国民の "生命・健康・財産の保護" と "公共の福祉" という日本国憲法（1947年施行）を念頭に1950年に施行されたもの（前身は1919年に施行された市街地建築物法）。建築物に関して最低限守らなければならない基準であり、法、施行令、施行規則、告示で構成されています。

実際に最上位に位置づけられる法は、制度規定と実体規定に分けて構成されています。制度規定とは、「違反に関する是正や違反者に対する懲役、罰金の命令・罰則規定」や「建築物を建てようとする際の申請や、審査・検査の義務などについての手続き規定」を含むもの。実体規定とは、「構造や防耐火、避難、居室など、建築物自体の安全性を確保する単体規定」、「道路や用途地域、敷地、面積、高さなど周辺の環境条件に応じた高さ制限など周囲の環境と建築物の形態の関係を定めた集団規定」を含むもの、になります［図1］。

続いて施行令とは、法で定められた記述的な基準を具体的な数値などで規定したものであり、施行規則は、建築確認申請書に必要な図面や明示する事項、申請や報告など各種手続き書類の様式や軽微変更などを規定しています。告示（建設省告示または国土交通省告示）は、防耐火や設備、構造などに関わる具体的な仕様が定められています。

図1：建築基準法の体系

建築基準法			
制度規定 実体規定の実効性を確保する規定		**実体規定** 具体的な建築制限を義務付ける規定	
命令・罰則規定 違反を正し、違反者に懲役・罰金を課す規定	**手続き規定** 計画内容を審査し、工事の検査を義務付ける規定	**集団規定** 都市の機能を確保する規定（主に都市計画区域に適用）	**単体規定** 建築物の安全性を確保する規定（全国一律に適用）
特定行政庁（知事や市町村長）は違反に是正措置命令を発し、その不履行に対しては行政代執行により、強制実現が可能	・建築確認　・完了検査 ・形式適合認定　・建築協定 ・指定確認検査機関 ・建築基準適合判定資格者 ・建築審査会	・道路　・用途 ・形態規制（建蔽率、容積率、高さ制限、日影規制） ・地区計画 ・誘導制度	・構造強度　・防耐火 ・避難　・居室　・設備 出典：『世界で一番やさしい建築基準法』（エクスナレッジ）

2　消防法では火災発生の初期段階における対応が明記

「消防法」とは、"火災の予防、警戒、鎮圧"や"火災または地震等の災害に起因する被害の軽減"を目的とする法律で、1948年に施行されたもの。建築基準法が、建築物本体の防火安全対策（火炎の拡大防止、建築物の倒壊防止、避難経路の確保）といったハード面に主眼が置かれているのに対して、消防法では防火対象物［表1］に関して、"出火防止・早期発見・初期消火"というように火災発生の初期段階における対策に主眼が置かれています。具体的には、防火管理などのソフト面と消防用設備の設置基準などが明示。建築基準法と同様に、法、施行令、施行規則、告示で構成されています。

表1：防火対象物の大まかな用途区分

区分	業態の例	管理権原者・関係者の責任範囲
消防法25条の「応急消火義務者」が主として利用する防火対象物	事務所、共同住宅、工場等→非特定用途におおむね相当	人手による消火器具・設備、比較的軽易な警報設備等の整備が主体 ← 各人の責任・能力において、安全管理、火災の覚知、初期消火、避難行動、通報、救助等が、相応のレベルで実施されると見込まれるため
応急消火義務者以外が主として利用する防火対象物	各種店舗、集客施設、福祉施設等→特定用途におおむね相当	応急消火義務者以外（とりわけ傷病、障害等によって自力での生命・身体の安全確保が困難な者）の安全確保を図るため、より小さな規模から、例えば自動式の消火設備や警報設備、実効的な管理体制等の整備が必要

＊　戸建て住宅は、基本的に消防法令の適用対象外との位置づけとなっていたが、住宅火災による死者低減の観点から、現在では住宅用火災警報器等の設置が義務化となっている

3　分譲マンションでは区分所有法の理解も重要

建築基準法や消防法に関しては、自治体ごとに定められた"安全条例"が存在します（通称：ローカルルール）。建築基準法に関連するものが「建築安全条例」、消防法に関連するものが「火災予防条例」です。建築物を計画する場合には、建築基準法や消防法のみならず、こうした"安全条例"の基準も順守する必要があります。

加えて、分譲マンション（共同住宅）では「建物の区分所有等に関する法律」（通称：区分所有法）も重要です。各住戸部分は専有部分として所有者が単独所有できる一方、躯体やバルコニーなどは共用部分であり単独所有はできない、ことが明記。こうした区分所有法に基づくものとして「マンション標準管理規約」があります［表2］。

表2：共用部分の範囲／マンション標準管理規約（単棟型）

1 エントランスホール、廊下、階段、エレベーターホール、エレベーター室、共用トイレ、屋上、屋根、塔屋、ポンプ室、自家用電気室、機械室、受水槽室、高置水槽室、パイプスペース、メーターボックス（給湯器ボイラー等の設備を除く。）、内外壁、界壁、床スラブ、床、天井、柱、基礎部分、バルコニー等専有部分に属さない「建物の部分」
2 エレベーター設備、電気設備、給水設備、排水設備、消防・防災設備、インターネット通信設備、テレビ共同受信設備、オートロック設備、宅配ボックス、避雷設備、集合郵便受箱、各種の配線配管（給水管については、本管から各住戸メーターを含む部分、雑排水管及び汚水管については、配管継手及び立て管）等専有部分に属さない「建物の附属物」
3 管理事務室、管理用倉庫、清掃員控室、集会室、トランクルーム、倉庫及びそれらの附属物

3-3 リノベーションに関わる法規② 戸建て編

ここが大切！
- ☑ 違反建築物と既存不適格建築物の違いを正しく理解する
- ☑ 増築を行う場合には建築確認が必要となる場合がある
- ☑ 改修の規模が半分を超えると建築確認が必要となる

1 違反建築物と既存不適格建築物は別物

　中古戸建て住宅の購入や改修を行う場合に、最も注意すべきことは、その建物が建築基準法に適合した建物であるか否かということ。建築基準法令等に違反した建築物は「違反建築物」といい、是正措置や一時的な使用禁止・使用制限といった命令が特定行政庁から課せられます。「違反建築物」の戸建て住宅をリノベーションするのは現実的ではありません。

　一方、建築基準法の改正や都市計画による用途地域の変更などにより、建築当時は適法だったが、現行法規に適合しなくなった建築物を「既存不適格建築物」といいます。「違反建築物」とは異なり、条件に応じて現行法規定が適用されますが、リノベーションを行うことは可能です。

2 旧耐震基準と新耐震基準、2000年基準を理解する

　「既存不適格建築物」の代表的な例として挙げられるのが耐震基準です。1981年の法改正以前に建てられた建築物は「旧耐震基準」で設計されている一方、それ以降は耐震性能の高い「新耐震基準」で設計されています。木造の戸建て住宅では、壁量計算を行って耐力壁の量を簡易的に算定する方法が広まっていますが、「旧耐震基準」と「新耐震基準」では、必要となる壁量が大きく異なります［表1］。「旧耐震基準」の戸建住宅を改修する際には、「新耐震基準」に性能を引き上げましょう。

　2000年には耐力壁の配置バランスに関わる"四分割法"や柱の引抜きを防止するための接合部の強化について、新たにルールが定められています（通称：2000年基準）。現在では、この水準にまで性能を引き上げるのが賢明です。

表1：新旧耐震基準における必要壁量

屋根の種類	階数	階	係数 (cm／㎡)
旧耐震基準 軽い屋根 （金属板や化粧スレートなど）	2階建て	2階	12
		1階	21
新耐震基準 軽い屋根	2階建て	2階	15
		1階	29

建築基準法で定められた、地震に関する必要壁量（cm）を算出するときに使用する係数。各階ごとで、床面積に屋根の種類に応じた係数をかけて必要壁量を求める

3 **準防火地域・防火地域の増築は建築確認が必要**

　建築基準法における増築とは、「敷地内の既存建築物の延べ面積（床面積）を増加させること」「敷地内の建築物を増加させること」になります。ただし、建築確認を行わなければならないケースがあります。

　防耐火の規制が厳しい防火地域や準防火地域に建築物が立地する場合は、建築確認が必ず求められます。一方、それ以外の地域（法22条区域）に立地する場合は、増築部分の床面積の合計が10㎡以内であれば、建築確認は必要ありません［表2］。建築確認が必要となる場合に注意したいのが検査済証の有無（p49）。検査済証があれば建築確認はスムーズです。ない場合でも、「既存不適格調書」を提出すれば、建築確認を行えます。

表2：防火規制と増築に関する建築確認の要不要

都市計画における区分	地域・区域の特徴	増築における建築確認の条件
防火地域	駅前の商業地域など、火災を防止するため特に厳しい建築制限が行なわれる地域	増築時には規模に関わらず建築確認が必要
準防火地域	防火地域に準じて火災が拡大しないことを目的に都市計画で定められた地域	
法22条区域	火災による延焼防止の目的で、すべての建築物の屋根の構造を規制（屋根の不燃化）する区域	10㎡以上の増築時には建築確認が必要

4 **改修の規模が半分を超えると建築確認が必要**

　建築基準法には、おおむね同じ材料を用いてつくり替え、性能や品質を回復する工事として「修繕」、同じ位置でも異なる材料や使用を用いてつくり替え、性能や品質を回復する工事として「模様替え」という概念があります。4号建築物（木造2階建て以下、かつ延べ面積500㎡以下）以外の建物について、大規模な「修繕」「模様替え」を行う場合は、建築確認が必要となります。

　ここで大規模とは「過半」のことを指し、具体的には、主要構造部（防火や安全、衛生上重要な建物の部位を示す用語）で、壁、柱、床、梁、屋根、階段のことをいいます［図1］。これらいずれか（1種以上）の半分以上を「修繕」「模様替え」する場合には、建築確認が求められるのです。

図1：屋根における修繕と模様替えの例

	Before		After	
修繕	化粧スレート	→	化粧スレート	
模様替え	化粧スレート	→	ガルバリウム鋼板	

4号建築物以外で屋根の改修範囲（面積）が半分を超える場合は、いずれも建築確認が必要

＊　大規模な「修繕」「模様替え」の基準は、特定行政庁によって解釈が異なるので、建築指導課や建築士への相談が賢明。たとえば、面積割合を算定するための分母に関しては表面積が基準となったり、表面積ではなく下地を含めた構成要素が基準になったりするケースがある

3-4 リノベーションに関わる法規③ マンション編

- ☑ マンション改修の対象は専有部分のみで共有部分は不可
- ☑ ウッドデッキを敷く場合には手摺高さなどに気を配る
- ☑ 11階建て以上の高層マンションでは高層区画に要注意

1 マンション改修の範囲は専有部分のみ

マンションでは、区分所有法に基づいて専有部分と共有部分が明確に規定されています。このうち、リノベーションで改修可能できるのは専有部分のみ。それに該当する、間仕切り壁（雑壁）の撤去や間取りの変更、仕上げ材の変更、水廻り設備の更新は可能ですが、共有部分に該当する、躯体（柱・梁や耐力壁）に手を加えたり、共用の設備配管をやり替えたりすることができません ［図1］。

ここで、勘違いが生じやすいのが窓や玄関ドア。これらは共用部分に該当するため、新しいものに交換するのは原則的に不可となります。したがって、窓の断熱性能を上げたいときには、サッシ交換ではなく、インナーサッシ（ペアガラスなど）を内側から追加するというのが最も合理的といえます。玄関ドアも交換は不可。ただし、内側は塗り替えやシート張りが認められている場合があります。

バルコニーも判断が難しい部分。共有部分に該当するので改修は認められません。ただし、正確には、通常使用の場合、所有者には専用使用権が認められているので、避難の妨げにならない範囲（隔て板近傍に室外機などを設置しない／避難ハッチや雨水ドレンをふさがない）においてはウッドデッキを敷設する、といった改修は可能になっています。

図1：主な専有部分と共有部分と改修可能範囲

専有部分	内部仕上げ、内部建具・造作材、間仕切り壁、水廻りの設備、専有部分内にある専用の設備配管	➡	改修可能
共有部分	躯体、玄関ドア、窓 [＊]、バルコニー、専有部分内にある共用の設備配管	➡	改修不可

＊　ただし、「マンション標準管理規約（単棟型）」では、断熱などの性能向上につながる改修に関しては、マンションの管理組合がその責任と負担において計画修繕として実施するものとする一方、管理組合が速やかに工事を実施できない場合は、マンションの所有者の責任と負担で実施することについての細則を定めるように管理組合に求めており、ケースによっては、サッシ交換は可能

2 　バルコニー手摺高さは1.1m以上確保する

　建築基準法に関連する法令違反としてありがちなのが、防水バルコニーの上にウッドデッキを敷設することによって手摺の高さが不足してしまうという違反。ウッドデッキの敷設は半屋外空間の利用価値向上や、室内空間とのつながりを生む手段として有効ですが、建築基準法は手摺の高さを床面から1.1m以上確保するように定められており、ウッドデッキの敷設によってその高さが不足してしまう、というおそれが考えられます（避難ハッチや雨水ドレンを塞いでしまうことも）。

　共有部分に該当する手摺そのものは、高さがあるものに取り換えられないので、ウッドデッキを敷設する場合は、手摺付近はウッドデッキを張らないようにして手摺の高さを確保するなどの配慮が求められます。

マンションの広々とした屋上バルコニーでウッドデッキを敷設した例。手摺の近くにはウッドデッキは敷設せずに、床面からの手摺高さ1.1m以上という基準を遵守している
［撮影：Yoshiyuki Chiba　提供：ブルースタジオ］

3 　高層区画の移設や内装材の選定は慎重に

　建築基準法では、火災を一定の範囲内にとどめるための区画として4つの防火区画（面積区画・高層区画・竪穴区画・異種用途区画）が定められています。とりわけ、マンションのリノベーションでは、11階以上の高層マンション（各階の床面積の合計が100㎡を超えるもの）は高層区画の適用対象となります。具体的には耐火構造の壁・床および特定防火設備で防火区画する必要があります。区画面積は100㎡以内。ただし、内装材を仕上げ・下地とも準不燃材料とする場合は区画面積が200㎡以内となっています［表1］。

　したがって、防火区画を移設する場合は、既存建物の防火・防煙計画を理解したうえ改修計画について事前に役所等と協議を行うなどして、問題がないことを確認したうえで、工事を行う必要があります。加えて、200㎡ごとに区画されている場合は、内装材に木材などの可燃材料を使用することができない点にも注意が必要です。

表1：高層区画の種類と区画面積・区画方法

内装・下地	区画面積	区画方法	
		床・壁	防火設備
不燃材料	≦500㎡ごと	耐火構造	特定防火設備
準不燃材料	≦500㎡ごと		
上記以外の材料	≦100㎡ごと		防火設備

3-5 居室の改修に関する留意点

ここが大切!

- ☑ 居室は平均天井高（2.1m）、ロフトは最高内法高さ（1.4m）を守る
- ☑ 窓には採光・換気・排煙の役割があり、必要な面積がある
- ☑ 火気使用室（キッチン）では使用される仕上げ材に制限がある

1 居室には天井高に関する基準が存在する

　建築基準法では、人が長い時間過ごす空間を「居室」、廊下や水廻り、浴室やトイレ、といった人が継続的には使用しない空間を「室」として、区別しています［表1］。「居室」と「室」では、天井高（床面から天井面までの高さ）など、適用される建築基準法上の規定が異なるので注意が必要です。

　天井高について、「居室」では"平均天井高"を2.1m以上確保する必要があります。一方、「室」ではこの数値を満たす必要はありません。このとき1つの「居室」で、天井高が部分的に異なる場合は"平均天井高"を、居室の容積（㎥）÷居室の面積（㎡）で求めます。したがって、勾配天井などで天井高が極端に低いところがあっても、部屋全体の平均として天井高が2.1m以上あればよいのです。

　一方、木造戸建て住宅の改修では小屋裏空間を収納（ロフト）として活用する提案がよく見受けられますが、①：収納用途のみに限定すること（「居室」として使用しない）、②："最高内法高さ"を1.4m以下とする、③床面の水平投影面積を存する階の1／2未満にする、というルールを守る必要があります。特に②については"平均天井高"ではなく"最高内法高さ"になるので、天井高が1.4mを超える部分は存在してはならないので、誤解しないようにする必要があります。

表1：居室と室の例

居室	室
居間、食堂、台所、寝室、書斎、応接室、子供部屋、教室、職員室、理科室、体育室、事務室、会議室、作業室、売り場、病室、診察室、宿泊室、観覧席、集会所、調理室、休息室、控え室など	玄関、廊下、階段室、洗面室、浴室［＊1］、脱衣室［＊1］、更衣室、便所、給湯室、押入、納戸、倉庫［＊2］、用具室、機械室［＊2］、自動車車庫、リネン室など

＊1　公衆浴場、旅館の浴場など、人が継続的に使用する場合は居室とみなされる
＊2　人が常時いる場合は、居室とみなされる場合がある

出典：『世界で一番やさしい建築基準法』（エクスナレッジ）

2　開口部の基準は採光や換気、排煙の3種類

　建築基準法において開口部には、採光や換気、建築物の規模によっては排煙、といった機能があり、窓の面積についての基準が定められています。採光に関して、住宅・共同住宅の「居室」では採光上必要な開口部の面積は、居室床面積の1／7以上となっています。換気に関して、「居室」の有効換気面積は、居室床面積の1／20以上となっており、採光・換気の双方において必要な開口部の面積を確保する必要があります。

　排煙については、階数が3以上で、延べ面積が200㎡を超える戸建て住宅では、排煙無窓居室であるかどうかの判断も必要です。このとき、排煙に有効な開口部が居室床面積の1／50以上であれば無窓居室とはならず、排煙設備を設ける必要はありません［表2］。

表2：目的別で異なる開口部の面積基準

目的	対象	床面積における開口部の面積割合
採光	住宅・共同住宅の居室	1／7以上
換気	すべての居室	1／20以上
排煙	階数が3建て以上で、延べ面積が200㎡を超える戸建て住宅の居室	1／50以上（居室の天井の下方80㎝以内にある開口部［開放できる部分］の面積）

3　火気使用室では使用できる材料に制限がある

　建築物には、用途と規模などによって、火炎の延焼を抑制することを目的とする内装制限（壁：天井）が課せられています。住宅の用途では、火を使用する火気使用室が該当します。RC造などの耐火建築物以外で、かつ階数が2以上、建築物の最上階以外の階にある火気使用室では、内装を準不燃材料で仕上げる必要があり、木材を使用できません［豆知識］。特に、ワンルームのLDKでは全体が火気使用室に該当するため、仕上げ材の選択肢が限定されてしまいます。その場合は、①：ガスコンロの近くを垂れ壁（不燃材料）で区画する、②：ガスコンロ廻りの内装を強化する（告示仕様）、③火炎が出ないIHクッキングヒーターを採用する、などの対処法があります。

　火気使用室以外では、マンションの高層区画に関連する内装制限（p55）もあるので、併せて留意しましょう。

防火材料に関する豆知識

防火材料とは、不燃性能（燃焼しない・防火上有害な変形や損傷を生じない・有害な煙やガスを発生しない）をもつ建築材料のこと。不燃性能が有効に持続する時間によって3つに分類される。木材は可燃材料であり、いずれにも該当しない。

・不燃材料——加熱開始後20分有効
・準不燃材料——加熱開始後10分有効
・難燃材料——加熱開始後5分有効

3-6 建築基準法の最新動向

ここが大切!

☑ 2025年の省エネ基準義務化で4号建築物がなくなる

☑ 断熱改修による高さ・面積の超過に特例許可が適用

1 省エネ基準の適合義務化で4号特例が廃止に

　木造戸建て住宅の多くが該当する4号建築物は、建築確認に審査の一部を省略する"4号特例"が存在しています。具体的には構造計算書の添付が免除されています。しかし、2025年には住宅を含むすべて建築物について、省エネ基準への適合が義務付けられ、断熱材の増量や太陽光発電パネルの搭載が想定されるため、構造性能をより厳密に審査する必要が生じます。つまり、4号建築物と"4号特例"がなくなります［図1］。新3号建築物では、構造計算書の添付が必要になり、省エネ関連の図書も提出必要。大規模な「修繕」「模様替え」を行う場合にも適用されるので、注意が必要です。

図1：4号建築物の廃止とその後の分類

2025年4月以前	2025年4月以降	取り扱い
4号建築物 ①：木造2階建て以下、かつ延べ面積500㎡以下 ②：木造以外の場合、平屋かつ、床面積が200㎡以下のもの	新2号建築物 ①：木造2階建て ②：木造平屋、かつ延べ面積200㎡超 ③：木造以外の場合、平屋かつ、床面積が200㎡以下のもの	・すべての地域で建築確認・検査（大規模な修繕・模様替えを含む）が必要 ・審査省略制度の対象外
	新3号建築物 木造平屋、かつ延べ面積200㎡以下	・都市計画区域等内に建築する際に、建築確認・検査が必要 ・審査省略制度の対象

2 断熱改修による高さ・面積の超過は不問に

　断熱改修を実施する場合に、悩ましい問題となるのが「集団規定」への抵触です。屋根の断熱改修を行う、屋上に太陽光パネルを設置する、と建築物の高さが高くなり、高さ制限に抵触することが考えられます。これを受けて、国土交通省は2023年3月、省エネ改修などの工事に際して、建築物の構造上やむをえない場合には、市街地環境を害しないものに限って、高さの制限を超えることを可能とする特例許可制度を導入することを発表。建蔽率・容積率の制限に抵触する場合でも、特例として断熱改修が認められるようになっています。

4章
お客様対応の知識

リノベーションの種類とお客様対応

- ☑ リノベーションの種類と対応方法を理解する
- ☑ リノベーションは住宅の価値を上げることである
- ☑ お客様の立場に立ってよりよい提案をする

1 リノベーションの種類

　リノベーションにはさまざまな形態があり、それによってお客様への対応方法も変わります。ここでは主な3タイプを解説します。

① 持ち家をリノベーションする場合

　お客様が大切に住まわれてきた物件ということを忘れずに、丁寧に扱ってください。特にその住まいの不満をヒアリングするときは、お客様の気持ちに寄り添って詳しくヒアリングすることを心がけましょう。また、物件所有者の名義を必ず確認しましょう。たとえ親族所有でも、所有者の承諾を得ずに工事を行えばトラブルになる可能性があります。所有者と異なる人が代金を払って工事を行う場合は、贈与税の対象となることもあるので注意が必要です。

② 中古住宅を購入してリノベーションする場合

A）物件購入からの相談の場合（ワンストップ）

　お客様がリノベ―ションを見据えて中古住宅を購入するケースでは、事前に中古住宅の購入費用とリノベーション費用の総予算を決めてから物件の購入を案内します。物件購入からリノベーションまでの費用を住宅ローンで組めるメリットを生かして提案しましょう。

B）物件購入とリノベーションを異なる事業者で行う場合

　すでに他社（仲介会社）で中古住宅を購入したお客様がリノベーションの相談に来た場合、基本的には「①持ち家をリノベーションする場合」と同じですが、購入した家で生活をしていなければ、具体的な不満が挙がらないことも多いので、リノベーション内容について丁寧にヒアリングをする必要があります。また、物件購入を他社（仲介会社）で相談している場合でまだ購入検討中であれば、仲介会社と連携して物件の内覧に同行するとよいでしょう。リノベーション費用を住宅ローンに組み込むことを前提とした住宅ローンの審査も必要です。このように、仲介会社やお客様と連携した対応が求められます。

③リノベーション済み住宅を購入する場合

　リノベーション済み住宅（買取再販）とは、宅地建物取引業者が自ら買い取った物件をリノベーションして販売するものを指します。自由設計のリノベーションのように自由に工事はできませんが、工事済みのきれいな物件をそのまま購入できるうえ、売主の保証が付くこともあるので、総合的なコストで考えるとよい面もあります。また、売主自らが販売をするケースなど、仲介手数料がかからないこともあります。

2　リフォームとリノベーションの違い

　リフォームは古くなったり使いにくくなったりした内装や設備を修繕・交換すること。リノベーションは中古住宅を新築時と同等かそれ以上の性能の家へ改修したり、家族のライフスタイルに合わせた間取りの変更を行ったりして、その家での暮らし全体にかかわる包括的な改修を行うことを意味しています。つまり、リノベーションとは住宅の価値そのものが向上する改修工事であり、工事規模や金額の大小ではありません（図1・表1）。

　リノベーションをするときに求められているのは、お客様の立場に立ってより良い提案をすることです。機能・設備・照明・断熱・換気・空調・耐震…など、10年、20年先を見据えて、住まいの快適性や起こりうる経年劣化や、ときには売却することも予測しながら、提案・設計をしていきましょう。

図1：リノベーションによる価値向上のイメージ

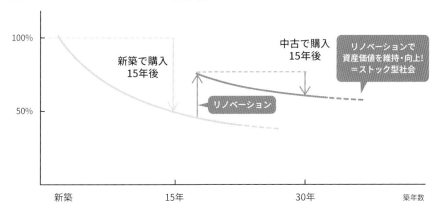

表1：リフォームとリノベーションの工事例

リフォーム	リノベーション
・ クロスの張替え工事 ・ 水廻り設備の交換工事 ・ 経年劣化による修繕工事	・ 築10年、新築時に赤ちゃんだったお子さんが思春期に入り、子ども部屋をつくりプライバシーを確保した ・ リモートワークをするためのワーキングスペースをつくると同時に、これまで使いにくいと感じていた間取りを見直した ・ 築40年、家を子世帯のために躯体だけを残して取り壊し、子世帯の目的に沿った家につくり替えた。同時に、耐震・断熱工事を施した

4-2 相談〜物件探し〜本契約 までのフロー

ここが大切!

- ☑ 条件を整理することでスムーズな物件探しが可能になる
- ☑ 内覧ではお客様の希望をかなえられるか物件の状況を確認する
- ☑ 早い段階でローンの事前審査をし、借りられる金額を把握する

ここでは中古物件探しから契約までの流れを解説します。リノベーション工事や将来のアフターサービスを視野に入れることで、契約後もスムーズに事が運びます。

1 物件探しの前に優先順位をつける

条件に合った物件を探すために3つの「軸」に沿って条件を整理します。3つの軸とは、①場所・広さ・間取り・予算の「物件軸」、②駅や学校までの距離・周辺環境の「環境軸」、③入居する時期の「時間軸」。お客様にこの3つの軸をもってもらうことで「迷い」を減らし、決断を早めます。リノベーションを行う場合は、工事費用も含めた予算感も共有しておきましょう。

2 内覧する物件はポータルサイトで探す

物件探しは、物件情報を掲載したポータルサイトを閲覧することを基本的にお勧めします。細かい条件設定ができるので、優先順位を決める際に活用できます。条件をある程度絞り込めたら、不動産事業者限定の不動産情報が見られる「指定流通機構」(レインズ) など専用サイトを利用し、提案をしましょう。

レインズとは

「レインズ」とは、国土交通大臣から指定を受けた不動産流通機構が運営しているコンピューターネットワークシステムのこと。物件を売りたい人と買いたい人の依頼内容をもとに、日本全国の最新・最適な不動産情報が一堂に集まります。不動産業界全体が連携した、不動産売買を斡旋するためのツールです。

3 内覧は工事可能かどうかも確認

希望条件に合った物件が見つかったら内覧へ行きます。内覧の際はできれば建築士など専門家と同行し、希望のリノベーション (状来の修繕・メンテナンスも含め) ができるかを確認しましょう。なぜなら、戸建て住宅・マンションともに構造的に間取りの変更ができないケースがあるから。排水管の経路や劣化状

況など、水・電気・ガスなどインフラ関係のチェック項目も事前に作成しておきます。また、瑕疵担保保険が付保できるかどうかも含めて、物件の築年数や住宅のコンディションをプロの目から冷静に判断します。

物件の内覧と同時に、時間や天気、曜日などによる周辺環境の変化などもチェックしてください。マンションの場合は、物件の管理規約と長期修繕計画書も確認できたら万全です。

4　物件とリノベーションの見積りは具体的に算出

物件が決まったら購入費用とリノベーション費用を見積ります。このときに、金額は明確に提示してください。たとえば、「一式」と表記した項目があった場合、その一式の内訳に何が含まれているのか。見積りの有効期限はいつまでなのか。これらはあくまでも一例ですが、トラブル回避のために、1つひとつを明確にすることが大切です。

5　ローンの事前（仮）審査は早めに行う

物件の購入申込みと並行して進めなければならないのが、ローン審査です。万一、ローン審査が通らなかった場合、計画そのものが白紙となりますので、ローン審査は早めに動きましょう。また、リノベーションを行う場合の住宅ローンは、「物件購入費用＋リノベーション費用」の合算で審査するのが基本です。中古物件の築年数によっては借入期間が短くなることもあり、返済計画に支障をきたします。住宅ローンは「どのくらいの額が借り入れ可能か？」を事前に把握するためにも、仮審査を予めお客様に案内しておくと丁寧です。

6　物件の買い付け申込み

「買い付け申込み」とは、「私はこの物件を購入します」という意思を売主側に伝えることです。お客様から口頭で確認をとるのではなく、「買付証明書」または「購入申込書」と呼ばれる書面を作成して、売主に物件購入を伝えます。買付証明書のなかには、物件の詳細情報（所在地、物件名、延べ面積など）や、売買条件（売買金額、支払い方法、融資利用の有無など）を記載します。なお、買付証明書の書式は不動産会社ごとに異なります。

7　本契約

「本契約」とは、不動産売買契約を結ぶことです。不動産売買契約をする際に必要な手続きは3つ。①物件と取引条件などの重要事項の説明を行い、買主・売主、双方の合意を得ること。②不動産売買契約の締結をすること。③手付金の支払いを行うこと、です。これらが済んで初めて正式に契約が成立し、物件購入の本契約が完了します。必要な書類についてはp34〜37をご参照ください。また、工事請負契約をこのタイミングで行う場合もあります。詳細はp74〜75をご参照ください。

4-3 お客様対応とヒアリング

ここが大切!

- ☑ 打ち合わせで、お客様との価値観のギャップをなくす
- ☑ リフォーム一体型住宅ローンは、金利が低く抑えられる
- ☑ 購入希望の物件の周辺環境も確認する

1 リノベーションのお客様対応の心得は「価値観の共有」

お客様対応時に心がけることは、お客様との価値観のギャップをなくしていくことです。そのために、対応の初期段階では話をしっかり聞きましょう。初めて家づくりを行う人や複数人での打ち合わせでは、ちぐはぐな質問もあることでしょう。しかし、どのような話題であっても「話を聞く7、話す3」のイメージで対応します。ここではあえて技術的なノウハウの話は避け、お客様の質問に答え、お客様が「かなえたいこと」の重要度や優先順位を共有することが大切です。

リノベーションを推進するお客様側のキーマンは、複数人いることが前提です。たとえば費用面はご主人が判断し、間取りや仕上げは奥様が判断することもあります。なかにはお客様のご両親が費用を援助することもあり、さまざまな要望を伝えてくるでしょう。住む人数が多ければ多いほど意見が分かれますが、できる限り丁寧に要望を聞き、物件選定や設計・デザインに反映します。

2 物件購入とリノベーションは一緒にするほうがお得

よくある勘違いとして、不動産（土地・建物）は住宅ローンで買い、リノベーションはローンを組まずに自己資金払い、またはリフォームローンを組むもの、と考えている方がいます。まずはこのイメージをぬぐいさってください。中古住宅を買ってリノベーションをする場合は、不動産購入費用とリノベーション費用を合算して金利の低い住宅ローンを組めるので、そのメリットをお客様にきちんと伝え、選択肢を与えましょう。

中古住宅を買ってリノベーションを希望している場合は、物件の内覧時に宅地建物取引士（以下、宅建士）だけでなく、建築士などの専門家も現地に赴くことを推奨しています。その理由は、宅建士は物件購入からリノベーションが始まるまでの流れやスケジュールを、建築士は工期やリノベーションの内容、価格感、設計意図の説明などを、それぞれ伝えられるからです。物件購入前に、宅建士や建築士と一緒に動くことは時間も労力もかかることですが、そのほうが物件契約後のトラブルを未然に防ぎ、かつ、より短期間で不動産購入費用とリノベーション費用の概算を見積ることができるのです。

3 物件内覧時に見るべきポイント

物件を内覧するときは、「変えられない部分」を確認していきます。マンションリノベーションの場合は、共有部分をチェックしましょう。共有部分が極端に汚れていないか、区分所有者が賃貸で貸し出しているかどうか、ごみ捨て場やポスト、駐輪場もチェックします。また、周辺環境の確認も大切です。何度か足を運んで、駅からの距離や立地、学区、天気・曜日・時間帯での周辺環境の変化も忘れずに確認しておきましょう。日中は閑静な住宅街でも、夜になると街灯が少なく物騒に感じる、なんてこともよくある話です。お客様の要望を整理するためには、動機や予算、暮らしのこだわりなどを聞きましょう［表1］。

中古住宅購入をサポートする「SelFinPRO」(セルフィンプロ)

「SelFinPRO」は、物件広告を AI 判定する機能や、新着物件情報を自動でロボットが届ける機能、全国の分譲マンションの資産価値に関する情報を網羅したデータベース、資産ウォッチツールなど、不動産に関する総合便利ツールです。消費者の利用は無料。

https://www.self-in.biz/service/

表1：お客様へのヒアリングリスト

	質問例	ヒアリングの目的
動機	・どのようなきっかけで住まい探し（またはリノベーション）を考えられましたか？	お客様のバックグラウンドを必ず聞く
時期	・いつごろから住みたいかご希望はありますか？ ・何年くらい住む予定ですか？ ・買い替え・住み替えの予定はありますか？	住宅は一生に一度ではなく、ライフステージやライフプラン、勤務先や諸事情で、複数回の買い替えをする人もいる。40～50歳代で戸建て住宅を買おうとする場合、定年のタイミングで売りにくいこともあるので、将来の予定も確認しておく
予算	・ご予算はいくらを検討していますか？ ・月額のローン返済額の目安はありますか？	お客様には、物件価格やリノベーション工事、諸費用の合算費用を提示して、総予算を理解したうえでプロジェクトを進めていくことが大切。ご家族ごとにお金の使い方は違うので、資金計画に無理がないように配慮する。打ち合わせの初期段階では、リノベーション費用の概算と、月々のローン返済額を目安としてお伝えしておくと安心
暮らし方	・何人で住まわれますか？　ご家族構成を教えてください。	将来的なライフスタイルも検討できるため、家族構成は必ず確認する
	・お子様はいらっしゃいますか？　おいくつですか？	子どもの年齢を確認し、家族のライフスタイルを把握する
	・どのような場所に住みたいですか？	駅近、公園、通勤、買い物など、周辺環境に求めるものは人それぞれ。お客様のニーズを確認する
	・週末はどのようにお過ごしですか？	趣味のスペースや、自転車やアウトドアグッズなどをしまう特別な収納があったほうが便利かをヒアリングする
	・お仕事や趣味のスペースは必要ですか？	最近は家で過ごす時間が増えており、テレワークや副業をしている方も多いので、仕切られたワークスペースが必要かを確認する
	・現在の家の住環境はいかがですか？	リノベーションは「不満」「不安」を解消して暮らしやすい環境にすることができる工事。特に自宅をリノベーションする場合、改善したい点を具体的に聞きだす
	・現在のお住まいはどうなさいますか？	売買するか、賃貸に出すかどうか確認する。不動産仲介業者としてサポートできると仕事につながる可能性も増える
お客様のフェーズの確認	・ほかの会社で相談中ですか？ ・新築（戸建て住宅、マンション）も検討中ですか？ ・持ち家のリノベーションを考えていますか？ ・中古を買ってリノベーションを検討していますか？ ・物件は購入済みですか？	お客様のフェーズによってご案内することが変わる。無駄がなく、的を射た提案をするためにも、フェーズはしっかりと確認しておく。なお、リノベーションのみの場合は物件所有者の名義の確認、家族所有の名義なのか、相続の有無を確認する

4-4 費用と住宅ローン

ここが大切!

☑ 物件費用と工事費用のほかに総額の7〜10%の諸費用がかかる

☑ 金利が低いリフォーム一体型住宅ローンがお勧め

☑ ローン審査の前にリノベーションの概算見積りが必要

1 物件購入のみと、物件購入＋リノベーションの違い

物件購入とリノベーションを進めていくために、中古住宅にかかわる消費税について正しい知識を身につけましょう。

売主が個人の場合：個人の方から中古物件を買う場合は、「営利目的ではない」ため、中古住宅の物件価格に対して消費税はかかりません。

売主が事業者の場合：リノベーション済み物件など、宅地建物取引業者が事業として売買している物件を購入する場合は、建物価格に対して消費税がかかります。

また、中古住宅購入と再販の両方のケースで、物件の購入時には総額の7〜10%の諸費用が必要です［表1］。たとえば、3,000万円で中古物件を購入した場合は、諸費用と税金で210万〜300万円ほどかかる計算になります。銀行の住宅ローンのなかには、諸費用まで含めてローンに組み込めるものもあるので、ローン金利を踏まえたうえで検討できるノウハウを身につけましょう。

表1：物件購入時にかかる諸費用

タイミング	名称	説明
不動産購入時	仲介手数料	住宅の売買や賃貸借をするときに、売主と買主の間に入って取りまとめを行う不動産会社に支払う手数料
	登録免許税	土地・建物を購入した人の所有権を、法務局にある登記簿に記録して公示するための手続き。中古住宅の所有権移転登記は、固定資産税評価額の2.0%
	住宅ローン手数料	住宅ローンを利用するための手数料。主な内訳は融資手数料、保証会社手数料、ローン保証料、斡旋手数料、団体信用保険など
毎年	火災保険料	火災や風水害によって、建物と家財に生じた損害を補填する保険
	固定資産税	固定資産の土地や家屋、償却資産などに対してかかる税金
毎月	管理費用	マンションなどの物件を管理するために必要な費用
	修繕積立金	マンションの共用部分を修繕する目的で、定期的に行われる「大規模修繕」などに必要な資金の積み立て

そのほか、家具、引越し費用、リノベーション工事中の賃貸費用なども諸費用に加わってきます

2 リノベーションには、リフォーム一体型住宅ローンがお勧め

　不動産は、新築・中古のいずれにおいても、「私が買います」という意思を伝える申し込みを行い、重要事項の説明をした後に売主・買主の双方の合意を経て、不動産の売買契約書によって契約が成立します。

　しかし、リノベーションを検討している場合は変わります。近年、ローンを組み立てる際には、中古住宅購入費用とリノベーション建築費用を一本化した「リフォーム一体型住宅ローン」がスタンダードとなりました。リノベーションにはリフォームローンの選択肢もありますが、リフォーム一体型住宅ローンの金利が1%前後のところ、リフォームローンの金利は2〜5%と割高です（2023年7月現在）。

　リフォーム一体型住宅ローンを組むことで、長い年月で見ると費用を安く抑えられる、返済期間を長期に設定できる、住宅ローン控除の対象になるなどのメリットが得られます。時間や手間はかかりますが、お客様の将来の暮ら方も含めて提案しましょう［図1］。

図1：物件購入＋リノベーションの流れ

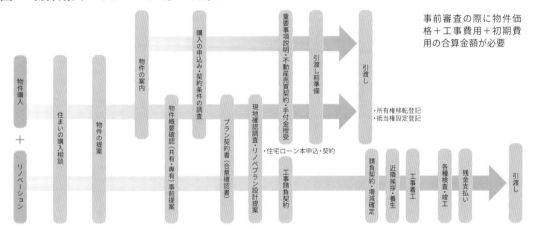

3 ローンの仮審査前の総額提示は早期に行う

　リフォーム一体型住宅ローンを使う場合は、早めの準備が不可欠です。というのも、住宅ローンの審査申込み時にはリノベーション費用の裏付けとなる見積書を金融機関に提出するためです。あくまで見積りですので、最終的な工事契約額とは多少の誤差があってもよいのですが、後から「資金が足りない！」ということがないように、丁寧にヒアリングを行ってお客様に寄り添ったプランを提示し、工事金額を見積りましょう。

　中古住宅はたった1つしかなく、条件のよい中古住宅はほかの人も検討していることがほとんどです。ゆっくりとリノベーション内容を検討して住宅ローンの契約を進められればベストですが、ほかの買い手よりも先に意思決定をしてもらうために、段取りよく行動する必要があります。時間短縮をする意味でも、物件内覧時には建築士も同席してもらうのが望ましいでしょう。

⁴⁻5 仮審査と銀行選定

☑ 変動金利と固定金利を必ず比較検討する

☑ ローンの審査は年収額と返済負担率が重要

☑ 「リフォームローン」は金利が高く返済期間が短いため注意

1 固定金利と変動金利の違い

　住宅ローンの借り入れには、「固定金利」と「変動金利」があります。どちらにも特徴があるので、きちんと把握し、お客様に提案しましょう。

　まず、固定金利は、借り入れた全期間を通じて金利が変わりません。一方で、変動金利は、経済情勢などに応じて通常半年ごとに金利が見直されます。住宅ローンは「全期間固定金利型」「変動金利型」「固定金利期間選択型」の3種類から選ぶことができます［図1］。

　「全期間固定金利型」は、住宅ローンの返済が終わるまで返済額が一定で支払い計画を立てやすい点がメリット。一見、安心できる支払い方法に見えますが、金利が高めで借り入れ後に市場金利がダウンしても返済額は変わらないところがデメリットです。「変動金利型」は、金利が変動するため、返済途中でも金利水準が下がればローン金利も下がり、結果的に月々の返済額も低くなります。もちろん、金利が上がれば月々の支払額も変わるので、月々の支払金額に増減があることを理解しましょう。最後に「固定金利期間選択型」は、一定の期間は固定金利で返済します。現在は超低金利の時代ですので、住宅ローンを組む人の8割以上は、変動金利を選んでいます。ただし、地域銀行などの融資優遇など地域差もあるので、変動金利と固定金利をしっかり比べてからお客様にベストなものを提案しましょう。

図1：住宅ローンの金利タイプ

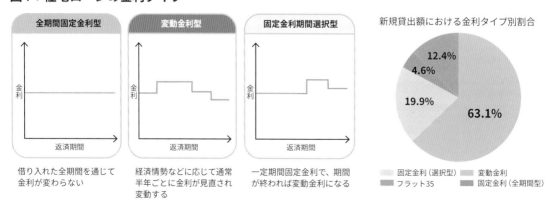

2 ローン審査を出す銀行のチェックポイント

　銀行側は事前審査や本審査で何をチェックするのでしょうか。最も大きく影響するのは年収との兼ね合いです。特に、総借入額が年収の何倍かという点と、年間返済額が年収の何割になるのかを示す返済負担率（返済比率）は重要です。総借入額は年収の7〜8倍が限度で、返済負担率の審査基準は30〜40％と銀行によってまちまちです［図2］。

図2：住宅ローンの本審査で重要度が増している項目

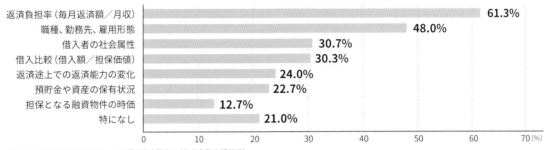

出典：「2016年度民間住宅ローンの貸出動向調査」（住宅金融支援機構）

3 物件購入とリノベーション工事は同時がお得

　物件購入だけを先に希望するお客様がいますが、後からリフォームローンを組むとデメリットは大きいといえます。リフォームローンは住宅を担保にできないので金利が高く、返済期間が短いのです。できれば住宅ローンとリノベーションローンをまとめて借り入れができる「リフォーム一体型住宅ローン」をご案内しましょう。図3をご覧ください。1％の金利の差が、後々大きく響いてくることが分かります。昔より金利が低くなったとはいえ、お客様にとっては大きな違いです。必ず提案をしましょう。ただし、申請時には工事費の概算見積りが必要です。銀行によっては請負契約書が必要な場合もあるので、事前に確認しましょう。

図3：金利の違いによる返済額の比較

現在の金利
借入3,500万円・35年・金利0.625%の場合
月々返済92,802円（ボーナス時0円）

金利が1%上がると...
借入3,500万円・35年・金利1.625%の場合
月々返済109,321円（ボーナス時0円）

昔の金利
借入3,500万円・35年・金利5.5%の場合
月々返済187,956円（ボーナス時0円）

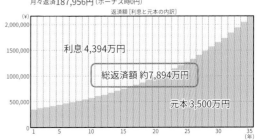

4-6 リノベーション工事費の算出

ここが大切！
☑ 物件購入費＋リノベーション費用の概算は早めに出す
☑ 家のコンディションを確認するインスペクションを実施する
☑ ローンの契約から借り入れの間にリノベーションのプランを固める

1　内覧は概算見積りをつくる視点で行う

　お客様が購入を検討している中古物件については、不動産会社を通じて売主に販売する意思があるかどうかを確認したあとに内覧を行います。この際、お客様の購入意思やニーズを確認しながらアテンドをします。

　その後、物件の購入意思が確認できた段階で、建築士などの専門家と一緒に内覧をするのが望ましいでしょう。これによりお客様は、技術的な質問や工期、リノベーションの概算費用など尋ねることができ、その場で解決することができます。また、リノベーションの可否を判断でき、概算見積りを提出するまでのスピードアップができる点もメリットです。

　さらにリノベーションの意思が固まった段階では、重要事項説明書 (p34) や物件状況報告書 (p36)、重要事項調査報告書 (p37)、インスペクション (p40) の診断結果、管理規約・リフォーム細則 [※] (p44) などの確認も必要になってきます。あらかじめ必要な書類を把握し、スムーズな進行を心がけましょう。

2　詳細見積りの作成と請負契約

　通常、ローンの申し込みから決済までにかかる時間は1カ月～2カ月です。購入する住宅が居住中の場合は、居住者が引渡しするまで工事スタートが伸びるので注意してください。この、ローン契約から借り入れの期間にリノベーションの詳細打ち合わせを行えます。間取りの変更の有無、設備機器の選定、内装などの仕様を決めていきます。不動産購入代金が決済し、家が買主の登記になって初めて着工することが一般的です。

豆知識

インスペクションの説明義務化

物件購入の意思が固まっていた場合、購入前にインスペクション（非破壊調査）の説明と、ホームインスペクション業者（住宅検査事業者）を紹介・斡旋できるかを伝えることが2018年4月より義務化されました。中古住宅は売主が住んでいるケースと空き家のケースがあるので、いつできるかも事前に確認します。

※　管理規約・リフォーム細則を用意するには手続きに費用がかかります

3 家具や空調、照明もリノベーション工事に含められる

リノベーションの費用に含まれる工事費について、事前に詳細を知っておくことで住宅ローンに含めることができます。ここでは代表的なものを紹介します。

○ **造作家具工事**：壁に取り付けられる家具（造作家具）の工事や、オーダーメードの造作キッチン、書棚の製作、買い足した家具の耐震対策など
○ **空調工事**：リノベーション工事によって間取りが大きく変更になる場合は、空調の室外機と室内機をつなぐ冷媒配管と排水工事費用など
○ **照明工事**：折り上げ天井を照らす間接照明の工事費用など
○ **窓装飾工事**：カーテンボックスや天井埋め込みカーテンレールの工事などビルトインした窓装飾、また大型ブラインドを取り付けるときなどに必要な下地の補強工事など

リノベーションにはお客様1人ひとりに沿ったプランニングやコーディネートが欠かせません。お客様の要望や好みを把握し、これらを考慮した最適な見積りを算出する役割が求められています。内覧時には建物の調査に加えて、お客様のイメージする暮らし方や趣味趣向、インテリアの好みついても丁寧にヒアリングをすることが重要です［表1］。

表1：内覧時に確認する項目例

マンション	確認点	備考
専有部分	取れる壁、取れない壁	間取り変更できないこともあるため
	天井の高さ（何cmまで上げられるのか）	建築基準法では210cm以上が居住空間として認められる。浴室の上などにある点検口から、内部の状況（亀裂）や天井の高さを確認する
	床の高さ	玄関を基準とし、上がり框（玄関のたたきとホールの境目）で何cm上がっているか確認する
共用部分	メーターボックス内	給湯器の状態、給湯器が入る大きさを確認する。また給湯器の管の大きさも確認する（スラブは削れないので、設置できない給湯器がある）

お客様に確認する項目	概要予算と、返済可能でローンを組める金額。月々の支払い額も確認する
	現在の家族数とこれからの家族数（子ども、ご両親）
	素材やインテリアの好みについて、施工事例や雑誌などを参考にしながらヒアリングする
	設備を新しくしたいかの意向を聞く

4-7 リノベーション工事の見積書の作成・交付

- ☑ 見積書はお客様の立場になって、分かりやすく項目を立てる
- ☑ 一式表記はできるだけ避ける
- ☑ 費用やスケジュール、加盟団体なども丁寧に説明する

1 リノベーションにおける見積書の項目の立て方

　見積書をつくるときに意識することは、お客様へのプレゼンテーションの一環だということです。特にリノベーションの相手方は一般のお客様であり、建築のプロでないため、「分かりやすく提案すること」が基本中の基本です。専門的な言葉はなるべく避け、分かりやすいかどうかに焦点を当てて作成しましょう。ここでは具体的な見積書の項目のつくり方を説明します。

① **部位表記の見積書**：工事の部位ごとに作成して、経費の内訳を明記する書き方
② **工種表記の見積書**：リノベーションは10種類以上の工種や建材・資材が入るので、工種の項目を明確にする書き方
③ **部屋表記の見積書**：工事をする部屋を記載する書き方
④ ①～③とは項目を分けて、経費の内訳を明記する

①部位表示	②工種表記	③部屋表記	④経費内訳
ダイニング工事：〇万円	解体工事：〇万円	寝室工事：〇万円	材料費：〇万円
キッチン工事：〇万円	造作工事：〇万円	和室工事：〇万円	労務費：〇万円
浴室工事：〇万円 など	電気工事：〇万円 など	子ども室工事：〇万円 など	現場管理費：〇万円 など

一式表記はできるだけ避けましょう

　ときには①～③が混在した見積書になることもありますが、お客様が検討しやすいかどうかの視点を忘れずに作成してください。また、④経費は、お客様にとって工事に反映されない費用と考えることもできるため、根拠のある説明が大切です。リノベーション工事では、工種が多いにもかかわらず工期は短く、職人1人当たりの仕事量が少ないことが往々にあります。したがって、新築住宅とは異なり、諸費用の比率も高くなります。お客様は諸経費の多さ（高さ）に驚かれることもありますが、誠実に説明を行うことが大切です。

　見積書作成時に注意すること

　見積書をつくるときに、以下の事柄には特に注意してください。お客様は数社から見積りを取っていることがほとんどです。金額や提案力以外にも誠実な対応が求められます。

① **虚偽表示・誤認表示の禁止**：マンションの内装材を壁芯で計算すると、本来の数量より多い見積りになります。また、材料を必要以上に加える虚偽や、数量が不明瞭な一式表記も止めましょう［表1］。

② **瑕疵保険などの締結について説明する**：加入は任意ですが、リフォーム瑕疵保険（p77）という保険もあります。たとえばリノベーション費用が500万円以上など、一定以上の金額の場合は、リフォーム瑕疵保険について説明し、加入の意思を確認する必要があります（p132）。

③ **支払い方法やスケジュールを丁寧に説明する**：見積り提出のときには、工事内容や請負代金の額、請負代金の前金払いまたは出来高払いの時期および方法をお客様に説明し、承諾してもらいます。また同時に着工や完工の時期についても確認します。

　リノベーションの請負工事は、金額も大きく、かかわる人も多いために、リスク回避の意味でも支払い計画を決めておくのが上策です。たとえば契約時に3分の1、着工時3分の1、竣工時（引渡し時）に3分の1という支払い方法や、契約時に2分の1、引渡し時に2分の1などです。また、工事の進捗中に追加で発生した費用は、双方が確認できるように記録しておきましょう。

④ **許可や有資格、加盟団体の説明**：請負業者ならば建築業許可があることや、設計事務所登録があること、宅地建物取引業者ならば加入している保証協会、許認可や保有資格、工事実績なども併せて伝えておくと、安心感や説得力が増すでしょう。

表1：見積書の見本（総額表示）

1	仮設工事	1	○万円
2	解体撤去工事	1	○万円
3	造作仕上げ工事	1	○万円
4	電気配線工事	1	○万円
5	照明器具	1	○万円
6	空調工事	1	○万円
7	給排水管工事	1	○万円
8	ガス工事	1	○万円
9	住宅設備機器	1	○万円
10	左官工事	1	○万円
11	塗装工事	1	○万円
12	内装仕上げ工事	1	○万円
13	家具収納・部材本体	1	○万円
14	建具・家具工事	1	○万円
15	ガラス・サッシ工事	1	○万円
16	諸経費	1	○万円
	総合計		○万円

見積書は一式表記だけでなく、各項目の詳細見積りをつける。ただし、詳細見積書だけでは全体像を把握しにくいので、左図のような総額を表記した見積書を作成するとよい

4章　お客様対応の知識

4-8 各種契約と約款について

ここが大切!
- ☑ 不動産売買契約、住宅ローン契約、工事請負契約の3つがある
- ☑ いずれの契約も同時進行で進めることが大切
- ☑ 担当者や会社を守るために、約款をつくって詳細を記載する

1 リノベーションにおける3つの契約は同時進行で進める

中古住宅を買ってリノベーションをするときには、主に3つの契約があります。ここではそれらの契約内容とポイントについて解説します。

① **不動産売買契約**：中古物件購入時に発生する契約。売主が買主に財産権を譲渡し、買主は売主に代金を支払うことを約束するもので、売主と買主が結びます。売主が個人の場合と、売主が不動産会社（法人）の場合とでは、消費税の扱いが異なります。

② **住宅ローン契約**：住宅ローンを借り入れる際に金融機関と交わす契約のこと。正式には「金銭消費貸借契約」と呼びます。引渡しの1カ月〜2カ月前に住宅ローン契約が交わされます。

③ **リノベーション工事における請負契約（工事諾成契約）**：リノベーションを行う際に、発注者（お客様）と施工会社が結ぶ契約のことです。

上記3つの契約を時系列で考えると、不動産売買契約が初めに交わされることになりますが、同時進行で住宅ローンの申し込みも進める必要があります。というのも、不動産売買契約をするためには融資の事前審査の承認が下りていることが必須条件だからです [図1]。

図1：物件購入＋リノベーションの流れ

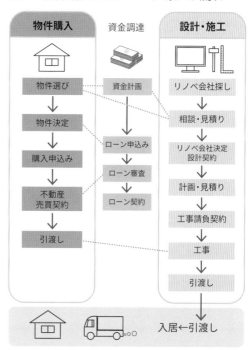

2　工事請負契約のポイントとその後の注意点

工事請負契約をする際のポイントは以下です。

○ **不動産売買契約と工事請負契約の時間軸を理解する**：不動産売買契約と工事請負契約は同時進行で進めます。そのためには、工事請負契約の前に「工事見積書」の提出や、見積りのための現地調査が必要です。お客様には、この契約の流れについてあらかじめ理解してもらい、率先して進めていきます。

○ **工事請負契約書では消費税の扱いに注意**：工事請負契約書には消費税を含めた総額を記載するとともにカッコ書きで消費税額を別記します。また工事請負契約に必要な印紙税は、消費税を含まない金額に課税されます。

○ **工事請負契約は工事を請ける側と発注側の合意の上に成立する**：契約は、民法上では売り手と買い手、工事を請ける側と発注側の口約束でも成立しますが、お互いの義務を明らかにして記録を残すことで後々のトラブルを避けることにもつながります。具体的には、工事請負契約書には、着工から竣工（引渡しではない）までの工期、工事名称、場所、請負金額などを記し、契約当事者双方の署名捺印をし、発注側と請負側の双方が収入印紙を貼って相互に保管します。

○ **工事請負契約と決済は区別する**：工事請負契約の成立と工事の完成によって工事代金を請求するのが民法上の原則ですが、リノベーションの場合、一般的には着手金、中間金、完成時金など数回に分けて支払われます。そのため支払いのタイミングも、工事請負契約書に記しておくことが重要です。

○ **工事中の見学は事前連絡のルールを決める**：残金を支払い終え、引渡しが行われた後、初めてお客様が自宅に自由に出入りできる状態になります。リノベーション工事中にお客様の出入りがあると、ケガやプラン変更など予期せぬ問題が生じやすくなるため、「訪問前は事前に連絡する」などのルールを決めて、トラブルを未然に防いでください。工事請負約款に記載して、あらかじめお客様に伝えておくようにしましょう。

3　約款について

約款とは、工事請負契約書には表記できない詳細な事柄をまとめて記載したもの。複数のお客様との契約を同じように処理するため、会社ごとに定められた約款が用意されています。

約款には、変更の効力発生時期や、違約金、注文者の事情による解除権、写真撮影のご協力など、合意をもって進めることを記載します。写真撮影の項目では、お顔出しの有無や、住所や氏名など特定できないことを指定した文言を明記してください。また、トラブルが生じたときに話し合って解決法を考える「協議解決」、自然災害などによる「不可抗力による損害」、リノベーション工事が遅れた場合の「遅延損害金」、反社会的勢力による被害や過度な要求行為の抑止、合意管轄（本契約に基づく訴訟は請負者の管轄する裁判所で行う）の明記など、担当社員や会社を守るための約款も必要です。

お客様からのリクエストにより、お客様宅で契約した場合はクーリングオフの対象外とされていますが、実際にはトラブルになることも考えられるため、可能なかぎり請負会社には来店を促してもらい契約をすることが望ましい対応です。

4-9 リスクマネジメントと各種保険

ここが大切!

☑ 加入できる損害保険に加入し、不測の事態に備える

☑ リフォーム瑕疵保険でリフォーム工事のリスクを少なくする

☑ 「クレーム」ではなく「対応が求められている」と考える

1 リノベーション工事の保険を装備する

　請負会社が加入できる保険は、「総合賠償責任保険」や、「組立保険」、そしてこのどちらもカバーしている「事業活動保険」があります [図1]。この3つの保険について解説します。

① **総合賠償責任保険**：工事に起因する第三者への対人・対物事故に備える保険。被害者への「損害賠償金」に加え、「弁護士費用」などの各種費用のほか、協力会社の賠償責任も保証します。

② **組立保険**：工事中の事故や盗難（建材・工具など）に備える保険。工事現場で、予期せぬ突発的な事故によって資材・設備などに生じた損害を補償する保険です。

③ **事業活動保険**：総合賠償保険と組立保険を網羅している保険です。事業活動を取り巻くリスク全般に対応する商品として、損害保険各社から出ています。

　これらの保険に会社が加入することで、万一のときに会社が被るリスクがぐっと減り、加えてお客様側から見たときの安心感につながります。

図1：組立保険と総合賠償責任保険の内訳

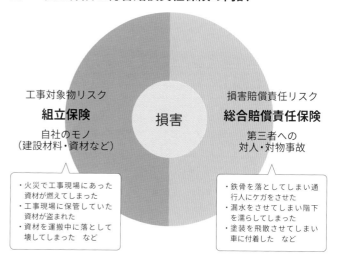

工事対象物リスク
組立保険
自社のモノ
（建設材料・資材など）

損害

損害賠償責任リスク
総合賠償責任保険
第三者への
対人・対物事故

・火災で工事現場にあった資材が燃えてしまった
・工事現場に保管していた資材が盗まれた
・資材を運搬中に落として壊してしまった　など

・鉄骨を落としてしまい通行人にケガをさせた
・漏水をさせてしまい階下を濡らしてしまった
・塗装を飛散させてしまい車に付着した　など

2 　お客様が選択できるリフォーム瑕疵保険

　新築では法的に定められた瑕疵保険制度があるように、リノベーションには任意で加入できる「リフォーム瑕疵保険」があります。リフォーム瑕疵保険は、竣工後の引渡し前のタイミングで、第三者の一級建築士が請負会社の見積りに基づいて、そのとおりに工事が行われているか、瑕疵がないかを検査するものです。

　お客様がリフォーム瑕疵保険を使うには、リフォーム会社が国土交通大臣指定の住宅専門保険会社（住宅瑕疵担保責任保険法人）に事業者登録をすることが必要です（豆知識参照）。保険料自体は、お客様とリフォーム会社のどちらが支払ってもよい決まりになっているので、保険料を折半することもあります［図2］。

　リフォーム瑕疵保険について、あくまでも加入の決定権はお客様にありますので、保証範囲と保証期間の説明を丁寧にすることが求められます。

図2：リフォーム瑕疵保険の概念図

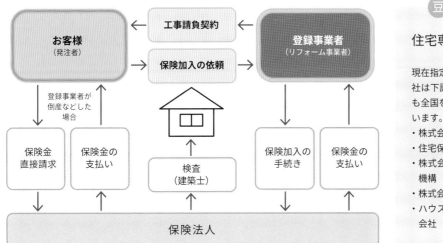

豆　知　識

住宅専門の保険会社

現在指定を受けている保険会社は下記の5法人で、いずれも全国を対象に業務を行っています。
・株式会社住宅あんしん保証
・住宅保証機構株式会社
・株式会社日本住宅保証検査機構
・株式会社ハウスジーメン
・ハウスプラス住宅保証株式会社

3 　クレーム対応の心構え

　まず、「クレーム」という言葉は使わないようにしましょう。なぜなら、その後の「対応」が大切だからです。クレーム処理と考えてしまっては物事が大げさになるおそれがあり、適切な対応ができなくなってしまいます。

　クレームは、①瑕疵、②苦情、③不具合、の3つに分けて考えましょう。①の瑕疵はあってはならない失敗、②の苦情は、音がする、工期が長いなど工事に関する要望、③の不具合は使ったときの不便や都合が当てはまります。いずれもお客様の声に耳を傾けて、どうやって対応するかを決めましょう。リノベーションは売って終わりではありません。定期的にお客様との接点をもち、やりとりを履歴に残しておくことでこのような問題を未然に防げます。

COLUMN 規約だけではない暗黙のルールの存在に注意

マンションのリノベーションでは、管理規約やリフォーム細則で定められている内容を確認し、その手順に則って工事の手続きや工事を行います。それに加えて気をつけなければいけないのは、そのマンションにお住まいの方々のなかで守られているマナーや決まり事といった「暗黙のルール」の存在です。これらに気づかずに振る舞えば、近隣や管理人の印象を損なうだけでなく、きちんとルールに従って申請をしたにもかかわらず工事の許可が下りない、あるいは、工事を始めた途端に管理組合や近隣の住人から差し止めを求められるなど、トラブルにつながるケースも少なくありません。

リノベーションでは小規模なリフォームに比べ、解体時などに大きな騒音が発生しますし、工事期間も長くなります。これまでにマンション内で大規模なリノベーション工事を経験したことのない小規模マンションや築浅のマンションなどでは、特に注意しましょう。小規模な集合住宅では管理人が不在であるケースも多く、苦情は業者（現場の職人）に直接向けられます。このような場合の初期対応や職人たちのマナー教育も大切です。

また、築浅であるほどリフォームやリノベーションへの理解があまりなく、相互の人間関係も浅いことから、苦情が発生しやすい傾向にあります。規約以外に暗黙のルールが存在し、管理組合や影の権力者（理事など）が工事を一切認めない場合もあります。さらに、小規模（少世帯数）ほど長期間にわたり理事長が変わることなく、自主管理で情報も更新されず、古い価値観のままの場合もあるので、購入前にリノベーションやリフォームの実績などの確認が必要です。

【最近のマンションリノベーション時のトラブル事例】
- 管理組合や影の実権者（理事など）から工事許可が下りず、着工できない
- （音がうるさいなど）近隣住人が着工後に工事差し止めを求めてくる
- 工事内容に対するクレーム（許可していないのに躯体にビスを打ったなど）
- 天井の照明位置や壁面の躯体への取り付けに関する苦情
- ベランダや共有部分での工事関係者の喫煙や、会話の声がうるさいなどの苦情
- 共有部分の汚れや傷（養生によるテープ跡など）、工事車両が邪魔などの苦情
- 近隣挨拶の漏れによる苦情

近隣住人による工事へのクレームは、感覚的なものや感情的なものが多く、売主との対立関係の影響も少なくありません（住まい手が変わったことに隣家の住人が気づいていないこともあります）。そのため、リノベーション工事前には、業者（不動産や建築業者）任せにせず、近隣挨拶を徹底してください。また、可能であればお客様自身が近隣に挨拶することも促してください。完成し、住み始めた後も近隣と円滑な人間関係を構築するうえでも有効です。人間関係構築の本質を理解し、適切な対応を心がけることが求められます。

執筆：株式会社シンプルハウス　山本武司

5章
契約後から引渡しまで

5-1 プラン、仕様、スケジュールの確認

1 間取りと仕上げ材・設備機器の決定

物件の売買契約締結後、工事請負会社はお客様と設計委託契約または工事請負契約を結び、プランニングを開始します。現地調査の結果や、お客様へのヒアリング内容をもとに、間取りのコンセプトを決めていきます。間取りが固まったら、次に床や壁・天井の仕上げ材、設備などの仕様を決めます。間取りの方向性をもとにデザイナーが提案したり、お客様にショールームを見学してもらったり、素材サンプルや事例写真などを見ていただいたりしながら、仕上げ材と設備を選んでいきます。

仕上げ材を決める際は、素材の特徴をお客様に伝えることが大切です。素材は必ず経年変化します。将来的にどのように変化しうるかをあらかじめお客様に伝え、ご納得いただいたうえで素材を選んでもらうことが、のちのちのトラブル回避につながります。

また、この段階ですべての仕様が決まらないケースもあります。仕上げ材や設備の決定は、その後の工程に大きな影響を与えます。未決事項がある場合は、「いつまでに決めるか」をお客様と確認しておくことが大切です。

モルタルの場合は、ひび割れや塗りムラなどがあることを伝える

無垢材の場合は、伸縮、素材の色や木目のバラつき、経年変化などがあることを伝える

2 見積書の作成と調整

間取りと仕上げ材、設備がある程度決まった段階で、見積書を作成します。見積りでは、解体工事後の現場の状況に応じて、工事内容の変更や資材の変動の可能性があることをお客様に説明したうえで、予備予算を確保しておきましょう。

ときには、お客様の希望するプランや仕様では、予算をオーバーすることがあります。そのようなときはお客様に、プランや仕上げ材、設備機器を変更して調整するか、自己資金で埋め合わせをするか、あるいはローンを組み直すかを確認し、その意向に沿って計画を再調整します。

3　マンションの場合は、工事申請の期間に注意

　マンションのリノベーションの場合、専有部分の工事であっても、改修工事の内容に対して管理規約やリフォーム細則で制約を受けることがあります（p44）。プラン作成時に、希望どおりの工事が進められるかどうかを確認しておきます。

　また、実際の工事を始める前に、管理会社または管理組合に工事申請を提出する必要があります。工事に伴って騒音が出たり、共用の廊下やエレベータを使って工事業者が出入りしたり、資材を搬入したりしなければいけないからです。

　申請に必要な書類の様式・種類は、マンションごとに異なります。また、申請に要する期間は、1週間からときには1カ月かかることもあります。工事のスケジュールに影響が出ないよう、早めに管理会社または管理組合に確認し、提出しましょう。

4　ローン控除の条件と期間

　国の制度に、「住宅借入金等特別控除」（以下、住宅ローン減税制度）というものがあります。一定の要件を満たしていれば、入居年以後の一定期間、ローンの年末残高に対して一定の割合の金額が、所得税・住民税から控除されるという制度です。居住用として購入した買取再販物件では、新築住宅と同様の控除が受けられます。さらに、環境性能が高い住宅では、控除対象となる借入限度額が増額されます。

　また、買取再販以外の中古物件購入＋リノベーション工事では、買取再販に比べ、控除対象となる借入限度額と控除期間は異なりますが、最大10年間の控除を受けることができます。物件の引渡しまたは工事完了から6カ月以内の入居など諸条件がありますのでご注意ください。なお、住宅ローン減税制度は2022年に改正されています。最新の情報を確認しておきましょう［図1］。

図1：2023年以降の住宅ローン減税制度の要件

控除率：一律0.7%		入居年 ▶	2023年	2024年	2025年
借入限度額	新築住宅・買取再販	長期優良住宅・低炭素住宅	5,000万円	4,500万円	
		ZEH水準省エネ住宅	4,500万円	3,500万円	
		省エネ基準適合住宅	4,000万円	3,000万円	
		その他の住宅	3,000万円	0円（2023年までに新築の建築確認：2,000万円）	
	既存住宅	長期優良住宅・低炭素住宅 ZEH水準省エネ住宅 省エネ基準適合住宅	3,000万円		
		その他の住宅	2,000万円		
控除期間		新築住宅・買取再販	13年（「その他の住宅」は、2024年以降の入居の場合、10年）		
		既存住宅	10年		
所得要件			2,000万円		
床面積要件			50㎡（新築の場合、2023年までに建築確認：40㎡〈所得要件：1,000万円〉）		

＊　既存住宅の築年数要件（耐火住宅25年以内）については、「昭和57年以降に建築された住宅」（新耐震基準適合住宅）に緩和
出典：「住宅ローン減税の概要について（令和4年度税制改正後）」（国土交通省）

着工前の確認事項

- ☑ 近隣住民への挨拶は着工の1週間前までに対面で行う
- ☑ お客様の要望を誰が現場に落とし込むのか決めておく
- ☑ 工事関係者にお客様の性格や属性を伝える

1 着工前の近隣挨拶

プランと仕様の決定後、請負契約または初回の請負契約にその内容を反映した変更請負契約を結びます。その後、施工がスタートしますが、着工前にいくつかやるべきことがあります。

まずは、「近隣挨拶」です。遅くても、着工の1週間前までには近隣住民への挨拶を済ませておきましょう。

戸建て住宅ならば隣接する住宅の住民に挨拶します。マンションでは、両隣、上下階の部屋、その両隣の計8戸の住民に挨拶するのが一般的です。ただし、挨拶する住民の範囲を規約で定めているマンションもあるので、管理組合や管理会社に工事申請を提出するタイミングで、規約の有無を確認しておきましょう。

挨拶は、「工事内容をまとめた書面を準備して、対面で」が基本です。工事期間や時間、大きな音や工事に伴う臭い（塗装など）が出ることを伝え、ご了承をいただきます。マンションでは、近隣挨拶の書面［図1］をエレベータ内や共用部分入口の掲示板に張り出すことを求められる場合もあります。

図1：近隣への工事案内書面の例

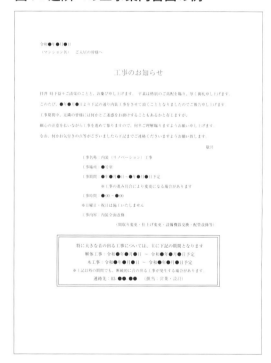

2 工事時の指示系統の整理

工事時の指示系統の整理も、このタイミングでの大切な準備です。工事には、デザイナー（設計者）、施工者など、さまざまな立場の人が関わります。ただし、お客様にとっては全員が"工事関係者"。誰かに要望を伝えれば、全体で共有されると考えてもしかたありません。のちのち「言った、言わない」のトラブルにならないためにも、誰がお客様の要望を集約し、施工現場に落とし込むのかの道筋を確認しておきましょう。

3 工事前の安全対策と注意事項の確認

工事を安全に、トラブルなく進めるためには、以下のような情報を整理し、関係者で共有することも大切です［表1］。特にマンションでは近隣トラブルが発生しやすいので、管理人とのコミュニケーションを密にし、何かあったらすぐに連絡してもらえる関係を築くことが重要です。

表1：主な安全対策と注意事項

1	工事可能な時間、曜日（土日の作業が可能か、など）
2	駐車場やトイレの使用方法
3	資材の搬入ルート（使用可能な入口、廊下、エレベータなど）※マンションの場合
4	共用部分の養生の範囲　※マンションの場合
5	管理人の連絡先。常駐管理でない場合は、管理人の出勤日・滞在時間、不在時連絡先を把握　※マンションの場合
6	配慮すべき住民の有無
7	産業廃棄物管理票（マニフェスト）対応

4 お客様の属性の伝達

意外と大切なことが、工事関係者にお客様の性格や属性を伝えることです。お客様がどのようなところに強いこだわりをもっているのか、キーパーソンは誰か、などを知っておくことで、現場がスムーズに流れます。

お客様の属性を現場の人に伝えるには、お客様とのコミュニケーションが必要不可欠

5-3 工程表の確認

ここが大切！

- ☑ 浴室やキッチンの工事は、設備の納期から逆算する
- ☑ 工事の遅れが見込まれる場合は、引渡し条件を決めておく
- ☑ 現場への出入りのルールをお客様に伝える

1 無理のない工程になっているかを確認

　工程表の確認も、施工前にする大切な仕事です。具体的には、施工開始から納期までの全体の工程に破綻がないか、造作家具や建具などのいわゆる"製作モノ"の工程がほかの工事に影響を与えないか、などを確認していきます［図1］。

　浴室やキッチンは、給排水の配管など関連する工事が多く、施工の遅れが全体のスケジュールを大きく左右します。設備機器の納期から逆算して工期を確認しましょう。家具や設備、輸入品の建材は

図1：マンション専有部工事工程表イメージ

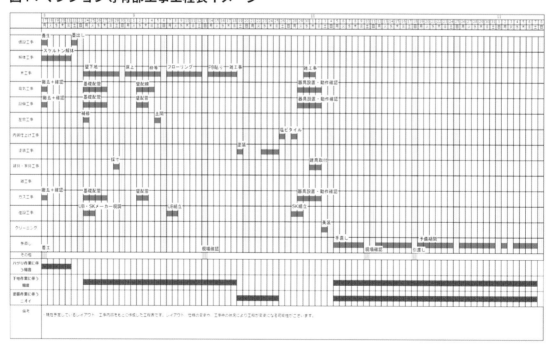

納期が遅れやすいので、在庫のチェックと、ある程度余裕をもたせたスケジュールになっているかのチェックを行います。

「未決事項」があれば、このタイミングで、いつまでに決めなければいけないのか、デッドラインを引いておきます。ただし、どんなに工程表を確認・調整しても、スケジュールどおりに進まないことは多々あります。トイレや給湯器などの設備工事の遅れが見込まれる場合は、「物件納品のタイミングでは既存設備を使用し、引渡し後、追加工事で最新の機器に交換する」などの、引渡し条件をお客様と相談して決めておきましょう。

なお、既存の設備などを一時的に使用する場合、解体工事で廃棄されないよう、現場に伝えることも忘れないでください。

2 お客様へ事前に お願いする項目

工程表のチェックを終えたら、お客様に全体のスケジュールを伝えて、了承を得ます。このとき、お客様の現場への出入りのルールを伝えることが大切です。工事が始まるとお客様は現場が気になるものです。ただし、お客様が頻繁に現場を見学することは、安全面でもスケジュール面でもあまり好ましくありません。

お客様が現場に入るタイミングを限定し（目安は、解体確認・中間確認・最終確認の3回）、それをお客様に伝えるようにしましょう。

世界情勢にも目を向ける

2019年末に始まったコロナ禍やロシアによるウクライナ侵攻により、物流が制限されて木材価格が高騰したり、半導体不足でトイレや給湯器、エアコンといった設備が入手しづらくなったりした。建材は、国内だけで生産・加工されているわけではない点に注意。世界情勢に日ごろから関心をもち、必要な情報を適切なタイミングでお客様に提供することも大切です。

工事を円滑にする便利なアプリ

現在、日本の建設業界は、深刻な人手不足に直面しており、働き手の確保に加え、労働現場の効率化が重要な課題となっています。こうした課題の解決策として注目されているのが、デジタル技術。現場工事管理や職人マッチング、コミュニケーション用のチャットなど、さまざまな種類の現場に役立つアプリの開発が進められています。

解体後は、工事の変更などが発生しやすく、工事が始まると見えなくなる部分も多いため、お客様に必ず確認してもらいたい

5-4 解体後の検査

ここが大切!
- ☑ 解体後、元図面との整合がとれているかを確認する
- ☑ 解体後に発覚した欠陥や不具合は、プラン・工程・費用に直結する
- ☑ 解体前の写真を撮っておくと解体後もお客様に説明しやすい

1 図面との整合性の確認

　既存物件の内装を解体した段階で、現場検査（解体確認）を実施します。検査のポイントは、「躯体（建物の構造体）と元図面との整合がとれているかを確認すること」です。解体工事で壁の仕上げ材を剥がしたら、図面にない壊せない壁（構造壁）が出てくることも。竣工図と照らし合わせながら、柱や梁、構造壁の位置や寸法が正しく施工されているかなどをチェックしていきましょう。

　躯体以外では、天井や床下の配管の寸法・位置などを確認します。マンションのスケルトン解体ならば、ダウンスラブの有無、竪管の位置など、プランにかかわる箇所もチェックポイントです。断熱材の有無や入り方も要注意です。天井露しにしようと考えていた箇所に壁から断熱材が回り込んでいて、天井を張らなければいけなくなった、ということもあるからです。

　なお、2022年4月1日から石綿含有有無の事前調査結果を労働基準監督署に報告することが義務付けられたので、該当する解体工事の場は必ず実施しましょう（p42）。また、解体工事やリノベーション工事で発生した産業廃棄物を処分する場合、産業廃棄物管理票（マニュフェスト）の交付と保管が義務付けられています。

2 欠陥・不具合の有無の確認

　仕上げ材に隠蔽されている部分の欠陥・不具合を確認することも、解体後の現場検査での重要な目的です。既存利用部分の劣化や不具合の程度は、プランや工程、費用に直結します。特に既存利用を想定している箇所は、計画どおり使用できる状態かどうかを入念にチェックしましょう。

　解体工事後によく見られる欠陥・不具合には、図1のようなものがあります。

解体後は今まで見えなかった配管や躯体の状態を確認できる。欠陥や不具合がないかをしっかり確認し、お客様に現状を見てもらう

図1：解体工事後に見つかる主な欠陥・不具合

【建物共通】
・部材のカビ
・雨漏り
・漏水
・断熱材の劣化
・石綿建材の使用
・木部の腐食

【マンション】
・躯体コンクリートのクラック（ひび）
・躯体コンクリートの鉄筋露出
・床の傾き
・梁欠き
・スラブのたわみ

【木造住宅】
・耐力壁の劣化
・基礎の劣化
・蟻害
・床の傾き

コンクリート躯体にカビが発生している様子。防カビ工事を検討する必要がある。築年数の古いマンションや、断熱性能の低い戸建てでは特に注意したい

梁がはつられて（壊されている）サビた鉄筋が露出している様子。耐震性能が損なわれるおそれがある。梁は共有部分のため、管理組合へ相談して適切な対応をする

木造戸建て住宅を解体した様子。天井に雨漏りの後がないか、図面どおりに柱が配置されているか、床下などにシロアリ被害がないかを確認する

3　お客様と実施する 解体後の現場検査

　解体後の状況を把握したのち、お客様を現場にお連れして現状を確認していただきます。

　躯体が元図面どおりでない、既存利用を検討していた箇所が利用できない、あるいは想像以上に欠陥・不具合が多い、といった物件では、間取りや仕様の変更と、それに伴う費用とスケジュールの見直しを迫られることもあります。これらの変更をお客様にご理解・ご納得いただくためにも、解体後の現場を見ていただくことは重要です。なお、あらかじめ解体前後の状態を写真に収めておくと、お客様が状況を理解しやすくなるだけでなく、のちのクレームを防ぐことにもつながります。

　現場検査後は、欠陥・不具合箇所以外にも、仕様変更や設備追加を希望する箇所がないかをお客様に確認し、プランの最終的な微調整を進めます。

5章　契約後から引渡しまで

マンションの漏水、改修費用を負担するのは誰？

　マンションの躯体（構造部）は共用部分にあたるため、漏水の原因がコンクリートの壁やスラブおよび躯体を通る配管にあるならば、基本的には管理組合が費用負担します。漏水以外でも、梁欠きによる鉄筋の露出、スラブのたわみなども同様。

　共用部分の改修は、専有部分に比べて時間がかかります。そのため、欠陥や不具合が見つかったら写真で記録し、すぐに管理者に連絡して、スケジュールのズレを最小限に抑えることが大切です。

5-5 工事の中間検査

5-5

ここが大切！

☑ お客様をご案内する前に、現場の現状を把握・整理しておく

☑ 中間検査は、変更の最後のタイミングであることをお客様に伝える

☑ 中間検査後、費用のお支払い準備と入居日までのスケジュールを伝える

1 お客様ご案内前の確認事項

間柱やLGSなどの下地工事や、配線・配管工事が終わるくらいのタイミングで、中間検査を実施します［表1］。検査の目的は大きく2つあります。

1つは、工事の進行状況を把握すること。予定した工事が、どこまで進んで、何が終わっていないのかを確認します。未決となっている事項がないか、ある場合はいつまでに決めるかについても、このタイミングで忘れずに確認しておきましょう。

もう1つは、設計どおりに工事が進行しているかを確認すること。図面で指示した寸法で仕上がっているか、給・排水設備や配線のルートに間違いがないか、などをチェックします。特に配管・配線は、このあと壁や床、天井などで隠蔽されて調整が難しくなるので、念入りに確認します。

お客様が検査に立ち会える日は限られており、その日までに予定した工事が終わらないこともあります。工事が遅れる場合は、現状と遅れる理由をお客様に伝え、あらかじめご理解いただくことが大切です。

表1：中間検査での主なチェック項目

項目	チェックポイント
工事の進捗	計画どおりに進んでいるか、遅れはないか
未決事項の有無	ある場合はデッドラインを確認する
図面や仕様書との整合性	寸法、位置、仕様、形状、補強を確認する
配管・配線ルートの確認	位置、数、勾配、系統を確認する

中間検査の様子。壁の位置や配線など、お客様のイメージどおりに工事が進んでいるかを確認する。未決定事項は中間検査時に確認しておくとスムーズ

2 　お客様と行う中間検査

　お客様と行う中間検査の目的は、「最終的な変更の確認」です。「今後の変更はできない」ことをお客様にはっきりと伝え、入念にチェックしてもらいます。

　中間検査の現場はすでに下地が出来上がっており、お客様も完成後の住居が想像しやすいと思います。間仕切壁の位置や、コンセントボックスの位置や数、照明の位置などを1つひとつ確認しながら、決定していきます［表2］。

　クロスや塗装など、採用予定の仕上げ材のサンプルを現場に持参し、お客様に最終確認をしてもらいます。ただし、仕上げ材のサンプルは面積が小さいため、実際の壁や床、天井に使用した場合と、見え方や印象が異なることもあります。その旨を併せて伝え、お客様の了承を得ておきましょう。

　持ち込み家具が決まっているのならば、実際に部屋に設置できるか、設置スペースの広さや搬入経路の寸法をチェックします。

　リノベーション工事が進むなかでお客様から新たな要望が出てくることはよくあります。このタイミングで将来のお客様の暮らし方を再確認し、プラン調整の必要がないか確認しましょう。特に注意したいのが、壁掛けテレビを設置したい、絵画を飾りたい、棚をDIYしたい、キャットウォークをつくりたいなど、下地補強が必要になる要望。この機会を逃すと下地の補強は難しくなります。

表2：中間検査でお客様に確認する主な事項

項目	確認内容
最終プラン	相違がないか
追加工事	追加の要望の有無
仕様の確定	内装、設備など
コンセントボックス	位置、数
持ち込み家具	配置、寸法、搬入経路

中間検査の様子。電気配線の位置や間仕切の位置、図面では分からなかった寸法などの確認を行う。お客様からの変更依頼があった場合は、きちんと現場に伝え、メモを残しておくことが大切

3 　中間検査後にお客様にお願いすること

　中間検査を終え、プランや仕様が決まると、リノベーション費用も固まります。リノベーション費用の最終支払いは引渡し時が基本です。直前になってお客様に「聞いていない」「突然言われても困る」と言われないように、中間検査後、お客様に支払い準備を進めていただくよう伝えます。

　また、中間検査後は工事完了までの日程がほぼ見えるようになります。引越し業者の手配、住所変更などの各種届けなど、入居日までにお客様が済ませておくことを整理して、情報提供しましょう。

5-6 竣工検査と引渡し

ここが大切!

- ☑ 竣工検査の前に、お客様の視点で社内検査を行う
- ☑ 竣工検査はあらかじめチェック項目を書面で用意しておく
- ☑ 引渡し後は、図面や写真などをきちんと整理しておく

1 竣工検査前の事前検査

　竣工検査は、物件引渡し前にお客様が立ち会う最後の検査です。「施主検査」ともいいます。竣工検査当日に不具合や残工事がないよう、社内検査を実施します。社内検査では、お客様の視点をもつことが大切です。引渡し条件どおりに仕上がっているか、仕上げ材は指定した素材が使われているか、建具の建て付けに問題はないか、設備機器や水廻りに不具合がないか、電気のスイッチやコンセントボックスの数・位置は計画どおりか、壁・床・天井に施工による傷や汚れ、破損などがないか、などを、お客様の立場になって入念にチェックします。特に着工後に設計変更があった箇所は、指示系統がしっかりしていないと見落とされている可能性があります。お客様の要望どおり施工されているか必ず確認しましょう。

　問題のある箇所は、竣工までに改修します。ただし、改修内容によっては時間的に厳しいことも。そのようなときは、お客様にいつまでに改修するかを事前に伝えて、了解をとっておきましょう。

　先ほど「残工事がないように」と書きましたが、大がかりな家具工事や特殊な仕様の建具工事があると、竣工検査に間に合わないこともあります。残工事が発生する場合、「いつまでに工事が終わるか」を、竣工検査前にお客様に伝え、安心してもらうことが大切です。また、適合R住宅（R1住宅）の適合報告書を発行する場合、このタイミングで適合検査を併せて実施します（p92）。

竣工検査の様子。設計図どおりに工事が完了しているかに加え、途中で変更になった点や追加工事の内容も反映されているか確認する

2　竣工検査（施主検査）のポイント

竣工検査では、お客様は初めてこれから暮らす家を体験します。気持ちが盛り上がって、検査の目もついつい甘くなりがちです。

竣工検査はお客様が行う"最後の"検査です。「後になって落ち着いて見たら不具合や欠陥に気がついたので、直してほしい」ということにならないよう、お客様が冷静にチェックできるようにサポートするのも大切な役割です。

お客様がチェック箇所を見落とさないよう、あらかじめチェック項目を整理した用紙を準備して、1つずつ確認して回りましょう。

竣工検査で見つかった不具合は、事前検査で見つかり改修が間に合わなかった箇所と併せて、整理します。整理した内容を、書面や写真でお客様と共有すると、後のトラブル防止につながります。

3　引渡し時の書類整理

竣工検査後、お客様からの工事代金の入金を確認したら、物件の引渡しです。鍵、物件の最終図面、工事完了確認書、工事保証書、設備機器の取扱説明書・保証書などをお客様に渡して、引渡し完了です。また、適合R住宅報告書発行の場合、住宅履歴情報を登録し適合報告書を発行します（p94）。これ以降の物件の使用・管理上の責任は、お客様に移ります［表1］。

残工事がある場合、引渡し時に今後の工事スケジュールを伝えます。またこのとき、工事完了後のアフターサービスについても説明します。アフターサービスの保証期間、定期点検のスケジュール（いつ、合計で何回）と点検内容、緊急対応の有無などが、お客様に伝える内容です。

表1：引渡し時にお客様に提出する書類例

・最終図面
・工事完了確認書
・工事保証書
・RI住宅適合報告書
・設備機器の取扱説明書／保証書
・国や自治体の補助申請用書類
・工事写真

4　工事後の情報管理も大切

リノベーション工事後は、最終図面（竣工図）や、お客様との打ち合わせ内容をまとめた議事録、工事中の写真などを整理しておきましょう。お客様との付き合いは、工事完了で終わるわけではありません。将来、メンテナンスが必要になったとき、担当者が変わっていても引き継げるようにしておくことが重要です。最近は、さまざまなデータを一元的に管理できる現場管理用アプリなどもあります。こうしたソフトを情報管理に活用するのも1つの方法です。

適合リノベーション住宅と重要インフラ検査（R1検査基準）

ここが大切！

- ☑ 検査基準への適合だけではなく「報告」「保証」「住宅履歴」が必要
- ☑ 交換・工事した箇所だけでなく、既存設備も含めて検査・保証する
- ☑ 「認定」や「お墨付き」という表現は間違い。使用してはいけない

1 重要インフラ検査の基準

　優良なリノベーション（p16）として「適合R住宅」を表示する場合、工事完了後、適合検査を行います。検査基準は、築年数や設備更新工事の有無にかかわらず、給水管・排水管・給湯管・ガス配管・電気配線・分電盤・火報設備・下地組（床・壁・天井）・浴室防水など独自の13項目の重要インフラが設定されています［表1］。検査は、原則として一般社団法人リノベーション協議会（以下、当協議会）に所属する正会員のリノベーション事業者が自らの責任をもって行うことになっていますが、協力業者やR1住宅検査の代行業務を行っている検査会社などに委託することも可能です。

　またR1検査は、戸建て住宅（R5）でも1棟マンションまるごとリノベーション（R3）でも共通して適合している必要があります。

2 R1検査基準の適合＝R1住宅ではない

　13項目の重要インフラがR1検査基準に適合すればすべてR1住宅というわけではありません。「R1住宅」の表示をするためには、当協議会が定めた「報告」「保証」「住宅履歴」も併せて提供する必要があります（p94〜97）。

3 「適合R住宅」の位置づけ

　「適合R住宅」は長期優良住宅認定制度などと比べると、検査項目が限定されており、高品質な安心安全を保証するものではありません。むしろ、あらゆる既存住宅に適用できるように作成されているため、最低限確保しておくべき品質を示したものととらえるべきでしょう。逆の言い方をすれば、リノベーション事業者として、この基準に適合できないと問題があるということになります。

　なお、「適合R住宅」は、当協議会に加盟する正会員リノベーション事業者が、その規準を理解し、各事業者の責任で発行し、消費者に対して提供するものです。当協議会が物件ごとに検査を行ったり、

認定したりするものではありません。「認定」や「お墨付き」という表現は事実誤認となるため、使用しないように注意しましょう。

表1：【R1住宅】検査項目の適合基準と「新規」記載の基準

項	検査項目	新規とする範囲	適合基準
1	給水配管	水道メーターより専有内すべて新規	⇒漏水による水圧低下なし ※架橋ポリ管・ポリブデン管は配管膨張による水圧低下考慮
2	給湯配管	給湯器より専有内すべて新規	⇒正常に吐水する ⇒適正な温度 ⇒漏水による水圧低下なし
3	排水配管	共用シャフト外の専有内すべて新規（スラブ上）	⇒オーバーフローなし ⇒配管露出部に漏水なし ⇒封水切れのおそれなし（排水時異音なし）
4	ガス配管	ガスメーターより専有内すべて新規	⇒正常に点火・燃焼する ⇒ガス漏れなし（ガス会社検査）
5	電気配線	専有内飛込み位置よりすべて新規	⇒正常に通電している ⇒アースが通線している ⇒絶縁抵抗値：1MΩ以上 ⇒正常に作動している
6	分電盤	分電盤本体	⇒配線がしっかり結線されている ⇒損傷、焼け焦げなし ⇒テストボタンが正常に作動する
7	情報系配線	専有内飛込み位置よりすべて新規	⇒正常に通電する ⇒断線、ショート、結線不良なし
8	換気設備	換気扇本体	⇒正常に吸い込んでいる ⇒作動時に異音なし
9	住宅用 火災警報器	住宅用火災警報器 専有内警報機本体すべて新規	⇒警報器の位置・仕様が関係法令準拠 ⇒正常に警報が鳴る ⇒設置後5年未満
10	床下地	専有内すべて新規	⇒歩行に伴うたわみなし
11	壁下地	専有内すべて新規	⇒強度不足によるたわみなし
12	天井下地	専有内すべて新規	⇒強度不足によるたわみなし
13	浴室防水	ユニットバス新規。防水新規	⇒水位低下なし。漏水なし ⇒ユニットバスのトラップ緩みなし

5-8 適合状況報告書の作成

ここが大切!

☑ 適合リノベーション住宅の契約者には適合状況報告書を交付する

☑ R1住宅の検査はリノベーション協議会の正会員の責任で行う

☑ 検査に加え、住宅履歴図書の登録などを行うことで報告書が発行される

1 適合状況報告書について

　「適合状況報告書」は、当協議会が定めた R1 検査基準、保証、住宅履歴などの要件を満たした「適合R住宅」であることを、契約者もしくは購入者に対して交付する書面です。リノベーション協議会に加盟する正会員が、WEB上にある同協議会の適合状況報告書発行システムに、必要な情報や住宅履歴を登録することで発行が可能になります。

2 R1住宅適合状況報告書の発行フロー

　適合R住宅（R1住宅）の適合状況報告書発行のフローを図にすると下記のようになります［図1］。一見するとさまざまな要件がありますが、実際は「検査・工事」「保証」は事業者として当然ですし、平面図、仕様書なども大半の事業者の方は作成されていると思います。リノベーション事業者が当たり前にやるべきことに最低限の要件を定めて共通の「適合状況報告書」を交付することで、分かりやすく提供する仕組みです［図2］。

　消費者に安心を提供することは当然として、多くの協力業者や関係者が携わるなかで、自社が提供するリノベーションに一定の品質を確保するためのマニュアルような役割も担っています。

図1：適合状況報告書の発行フロー

建物検査　→　改修工事　→　報告　→　保証　住宅履歴情報

一連のフローを統一規格とし、各住宅タイプ別に基準を設定

品質確保と情報開示と保証に基づく安心

図2：R1住宅適合状況報告書の見本

第1号様式（A書式）

✦ ✦ ✦
Ｒ１住宅 適合状況報告書

報告者	株式会社○○リノベーション
	東京都渋谷区渋谷2 -2 -2
	国土交通省大臣登録(2)xxxxxx
	代表取締役 ○○ ○○○

①

一般社団法人リノベーション協議会が定める【Ｒ１基準】への適合状況について、下記の通り報告します。

報告書登録日　　2018 年09 月04 日
登録番号（ID）

記

1．物件概要 ②

所在地	東京都渋谷△△○-○-○
建物名称	○○コーポ（サンプル）
号室	○○号室
リノベーション完了日	2018 年09 月01 日
（完了予定日）	

2．本リノベーションに係った者の一覧 ③

事業主	株式会社○○リノベーション
設計者	株式会社○○○
監理者	株式会社○○○
施工者	株式会社○○○
検査者	株式会社○○○

3．検査項目 ※検査方法及び適合基準は別冊「Ｒ１住宅検査ガイドブック」を参照ください。

項	部位	判定	状態	基準
(1)	給水配管	適合	新規	SP-01
(2)	給湯配管	適合	該当なし	SP-02
(3)	排水配管	適合	新規	SP-03
(4)	ガス配管	適合	既存	NG-01
(5)	電気配線	適合	新規	ET-01
(6)	分電盤	適合	既存	ET-02
(7)	情報系配線	適合	新規	ET-03
(8)	換気設備	適合※	既存	VA-01
(9)	住警器	適合	新規	FA-01
(10)	床下地	適合	既存	AR-01
(11)	壁下地	適合	新規	AR-01
(12)	天井下地	適合	既存	AR-01
(13)	浴室防水	適合	新規	AR-02

④

アフターサービス保証に関する事項 ⑤

左記項目の保証期間は

引渡日より最低2 年とする。

2 年以上の保証が設定されている場合があります。
詳細は保証書・アフターサービス基準書をご確認下さい。

保証者　株式会社○○リノベーション
東京都渋谷区渋谷2 -2 -2
国土交通省大臣登録(2)xxxxxx

検査及び保証に関する問合せ先 ⑥
株式会社○○リノベーション
Tel ○○ - ○○○ - ○○○
Email sample@renovation.or.jp
AM9 ：00 ～12 ：00　PM1 ：00 ～5 ：00
（土・日曜　祝日　年末年始　夏季休暇等は除く）

特記事項
専有部にかかる改修を行っておりますが、共用部に起因する原因で一部基準を満たさない項目がございます。

"R1 住宅"とは、一般社団法人リノベーション協議会（以下「協議会」という）の定める技術基準に則って改修され、かつ上記（1 ）～（13 ）の
部位に関して、2 年以上の保証がついた住宅です。協議会のホームページ（www.renovation.or.jp）で、技術基準が確認できるほか、
住宅履歴として、本報告書及び住宅履歴図書データを照会することができます。尚、報告内容は上記報告者が、保証は上記保証者がそれぞれ責任を持ち
協議会は報告内容・保証に関する責任を負うものではありません。
適合リノベーション住宅の基準に関するお問い合わせは、リノベーション協議会事務局（03 -3486 -2510 ）まで。

✦ ✦ ✦

記載内容（Ｒ1住宅）

① 報告者
② 物件概要
③ リノベーションにかかわった者の一覧
④ 検査項目（p79）
⑤ アフターサービス保証について（p82）
⑥ 問い合わせ窓口

5-9 住宅履歴情報と アフターサービス保証

ここが大切！

☑ 適合R住宅に登録すると、消費者はWEB上で住宅履歴を閲覧できる

☑ 住宅履歴図書は、工事完了後の竣工図と仕様が分かるものを登録する

☑ 保証書交付は事業者側のリスク管理としても重要

1 住宅履歴情報について

適合R住宅では、以下の書類を住宅履歴情報として保管することとしています。

平面図、仕様書は、施工図（工事計画図）ではなく、リノベーション工事完了後の竣工図、仕様が分かるものを登録する必要があります [表1]。適合状況報告書（p94）を発行すると同時に、物件ごとに履歴照会サイトログイン情報が発行され、消費者は、IDとパスワードで当協議会のホームページからいつでも自宅の住宅履歴を閲覧・確認することができる仕組みです。

表1：必須図書（R1住宅の場合）

・平面図
・仕上げ表（仕様書）
・アフターサービス保証書

〈以下は更新した場合のみ〉※平面図に併記しても可
・配管図
・配電図
・設備位置図

2 アフターサービス保証書

R1住宅では、対象の重要インフラ（13項目・p93）について、リノベーションで更新工事を行った部分のみではなく、既存設備も含めて引渡し日から最低2年間の保証を提供することを要件としています。

重要インフラ以外の設備・建具・クロスなど、R1住宅で定めのない部分の保証期間や保証範囲は任意としていますが、各部位ごとの保証期間や保証範囲を明記したアフターサービス保証書の発行を義務化しています。これは、消費者に安心を提供することに加え、事業者にとっても無償対応する期間や範囲をお客様に対し書面で明示しておくことで、リスクを管理する重要な書類となります [図1]。

図1：アフターサービス保証書 標準書式の見本

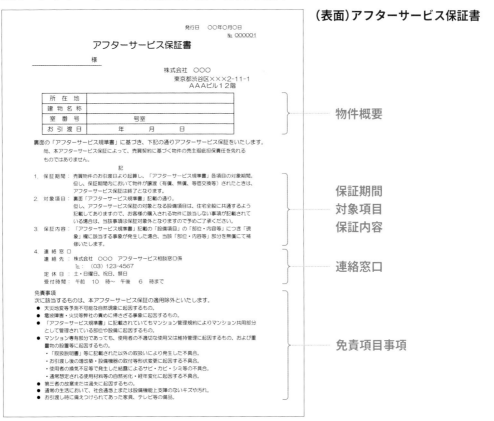

（表面）アフターサービス保証書

- 物件概要
- 保証期間
- 対象項目
- 保証内容
- 連絡窓口
- 免責項目事項

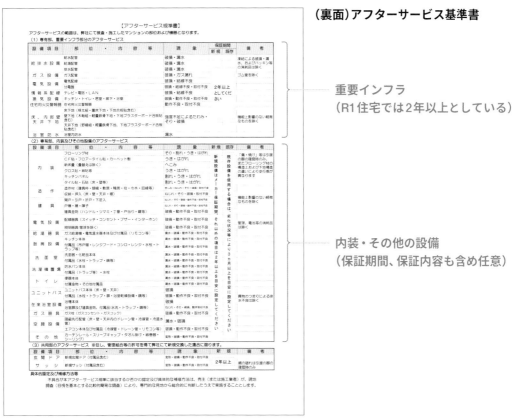

（裏面）アフターサービス基準書

- 重要インフラ（R1住宅では2年以上としている）
- 内装・その他の設備（保証期間、保証内容も含め任意）

5-10 1棟マンション（R3住宅）の適合基準

ここが大切！
- ☑ R3住宅は1棟（マンション）丸ごとリノベーションの基準
- ☑ 専有部分の規準（R1住宅）に加え、共用部分の重要項目にも規準を設定
- ☑ 検査・工事・報告・保証・住宅履歴情報に加え、既存住宅売買瑕疵保険を付保する

R3住宅とは

区分所有マンションの1棟全体（共用部分を含む）を対象建物とし、適合リノベーションの品質基準に則り、検査・工事・報告・保証・住宅履歴情報に加えて、「既存住宅売買瑕疵保険」を付保した"優良な"1棟リノベーションおよびリノベーション住宅を「R3住宅」といいます [図1]。

図1：R3住宅 基本概念図

R3住宅の基準では、区分所有マンションの共用部分を安心なものとするため、下記を重要項目としています [表1]。優良な1棟リノベーションとしての品質確保と情報開示を目指し、それら重要項目に対して、国の施策との連携や第三者機関による客観性の高さを重視する観点から、公的基準・制度を主に組み合わせ、必要な領域と統一基準を定めています。

表1：R3住宅の共用部分に関する重要項目

項目	内容
構造安全性 （耐震評価）	耐震性については瑕疵保険の基準を採用する。また、瑕疵保険を付保することにより、消費者だけでなく事業者の安心も担保できる。新耐震基準に適合している、もしくは新耐震基準同等の耐震性能を有することが条件となる
劣化状況 （設備・防水）	R1住宅での専有部分検査と同様に、共用部分についても劣化状況を確認し、瑕疵保険を付保できる基準まで改修する。瑕疵があった場合に、事業主・購入者ともに損害が大きな部位でもあるため、事業主のアフターサービスをバックアップする5年間（一部設備については2年）の瑕疵保険を付保する（該当項目の事業主が定めるアフターサービス期間は保険会社による保険期間以上とする必要がある）
管理規約 長期修繕計画	1棟リノベーションでは、もとの建物が社宅や賃貸住宅などであったケースが多く、その場合は管理計画や長期修繕計画が定められていない。そこで、適正な管理規約や長期修繕計画といった主に建物ソフト面の基準として、東京都優良マンション登録表示制度をR3住宅基準の1つとしている
修繕積立金	適正な修繕維持積立がなされていないと、将来多額の一時金の発生、修繕積立金の大幅な増額等が発生してしまう。そこで、東京都優良マンション登録表示制度が推奨する築年数別の修繕積立金額を上回る積立金を行うことを定めている
法定点検	改修完了時に基準を満たしていても、入居後の点検が不十分では安心できない。東京都優良マンション登録表示制度で定められている、特殊建築物等5つの定期調査報告について、定められた頻度でエレベーターなどの設備や消防検査等を行う
住宅履歴情報 の蓄積	改修履歴を蓄積することで、適切な維持管理を行うことができ、将来のリノベーションの際にも役立つ。また安心な住宅取引、災害や事故の際の適切な対応が可能となる

5-11 戸建て住宅（R5住宅）の適合基準

ここが大切！

☑ 重要インフラ13項目（R1基準）に、構造や劣化の重要項目を追加

☑ 検査・工事・報告・保証・住宅履歴情報に加え、既存住宅売買瑕疵保険を準用

☑ 「長期修繕計画の目安」を渡して維持管理に関しての啓蒙を行う

R5住宅とは

戸建て住宅を対象建物とし、適合R住宅の品質基準に則り、検査・工事・報告・保証・住宅履歴情報のフローを踏まえた、"優良な"戸建てリノベーションおよびリノベーション住宅を「R5住宅」といいます。

住宅の検査等に関する公的な基準は各種ありますが、融資、管理、劣化などの基準ごとに観点が異なるため、戸建て住宅において必要と考えられるすべての領域をカバーするものはありませんでした。そこで、R5住宅では下記のような戸建て住宅における重要項目に対し、該当する公的基準を組み合わせ、「良質な物件」とするための必要領域をカバーする仕組みとしています［表2］。給排水管や電気設備等の重要インフラは R1住宅の検査基準を適用します。

表2：R5住宅に関する重要項目

構造耐力上主要な部分の劣化	消費者の大きな不安要素である構造の劣化については、瑕疵保険の基準を採用する。旧耐震基準期間に建築された建物は、新耐震基準に適合することが条件となる。「瑕疵」があった場合、発注主や購入者に損害が発生するおそれがあるため、事業主のアフターサービスをバックアップする2年以上の保険を付保する（＊ 売買を伴う場合）
劣化状況	R1住宅の検査と同様に、構造以外の内壁等についても劣化状況を確認し、瑕疵保険を付保できる基準まで改修する。「瑕疵」があった場合、発注主や購入者に損害が発生するおそれがあるため、事業主のアフターサービスをバックアップする2年以上の保険を付保する。（＊ 売買を伴う場合）
雨水の浸入	屋根・外壁など雨水の浸入の有無について、瑕疵保険の基準で検査を実施する。また、雨水の浸入（雨漏れ）が発見された場合は改修する。「瑕疵」があった場合、発注主や購入者に損害が発生するおそれがあるため、事業主のアフターサービスをバックアップする2年間の保険を付保する。（＊ 売買を伴う場合）
長期修繕計画	戸建て住宅は、構造躯体や内装を含め建物全体が所有者の管理に委ねられるため、長期修繕計画が定められているケースが少なく、適切な修繕がなされていないことが多々ある。当協議会では多くの維持管理の指標をベースに、R5住宅維持管理基準を策定し、「長期修繕計画の目安」を渡して維持管理に関しての啓蒙を行うことから始めていく
住宅履歴情報の蓄積	改修履歴を蓄積することで、適切な維持管理を行うことができ、将来のリノベーションの際にも役立つ。また、安心な住宅取引、災害や事故の際の適切な対応が可能となる

5章 契約後から引渡しまで

COLUMN

デジタルトランスフォーメーションへの期待

　リノベーション業務において、連携、および知識と実践を強める必要があるのは、デジタルソリューションの領域です。住宅業界は「レガシー産業」と呼ばれるだけあって、閉塞的な環境のなかで個々の会社が事業を推進しています。この状況では、業界の発展が停滞するだけでなく、事業者の労働生産性を高めることや、住生活の豊かさを実現することが難しくなってしまいます。しかし、下記のようなソリューションを知ることで、データ活用に基づき、各企業におけるデジタルトランスフォーメーション（DX）が推進されることを期待しています。

　たとえば、「テクノロジーで豊かな暮らしの実現と社会課題の解決を両立し、すべての人々が快適で活き活きと暮らせる社会をつくる」というビジョンをもって2019年に「リビングテック協会」が設立されました。住宅事業者主導の団体とは一線を画し、リノベーション事業者のリノベるを始め、Amazon（アマゾン）やパナソニックのようなテクノロジーを活用、推進する企業からの理事を中心に活動を展開しています。リノベーション協議会も特別会員として参画し、今後は連動を図りたいと考えています。また同様に、不動産×テクノロジーの普及を目的に設立された「不動産テック協会」もあります。下図の「不動産テックカオスマップ」は2022年時点のものですが、シェアリングやクラウドファンディング、IoTやVRといった不動産テック市場を網羅的に表しています。リフォーム・リノベーションの領域においても、「SUVACO」や「houzz」といったソリューションが着実に増加しているといってよいでしょう。

　このように、デジタルソリューションの活用が当たり前の業界では、不動産・建設業界とは大きく異なり、各種データのオープンソースが加速しており、異業種との連携も積極的に行われています。一見よその世界だと思っていたことが、これからは間違いなく産業界全体としてマージ（融合）していきます。また、そう遠くない未来には、リノベーション住宅に入居するまでのプロセスがメタバースのような仮想空間で完結することも、現実としてあり得ると思います。リノベーションコーディネーターを受講される企業の社員の方や、企業を経営される方も常に情報をアップデートして各種ソリューションの採用を進めるべきでしょう。

不動産テック カオスマップ

執筆：株式会社リビタ　浦川貴司

6章
エネルギーと環境対応

6-1 省エネで快適な住まいの必要性

ここが大切!

- ☑ 住宅の快適性は、部屋の温度だけでは決まらない
- ☑ 断熱で熱の出入りを少なくすることが快適性のカギ
- ☑ 断熱性の高い住宅では光熱費も節約できる

1 暑さ・寒さを取り除く建物の「断熱」は必要不可欠

　冬暖かく夏涼しい快適な室内環境であることは、豊かさを語るうえで欠かせない要素です。では、そうした快適な環境をリノベーションでどうやってつくるのか。「各部屋に空調機を付ければOK」という認識は、ひと昔前のもの。まずは住まいとなる建物に、しっかりと「断熱」を施すことが重要であり、住まいを提供するプロとしては、最も優先すべき事項の1つです。建物の断熱性は、断熱性の高い窓や、外気に接する部分（屋根、外周壁、床下）に断熱材を施工し、熱の出入りを抑えることで高められます。

2 寒暖を感じる仕組みを知れば断熱の重要性が分かる

　暑さ・寒さといった体感に影響を与えるのは「部屋の温度」だけだと思っていませんか？ それは大きな間違いです。「部屋の温度」はおそらく「空気の温度」をイメージしていると思います。もちろん、それも影響があるのですが、ほかにも要素があります。それは、部屋の壁・床・天井の表面温度

図1：断熱性能の高さで変わる表面温度

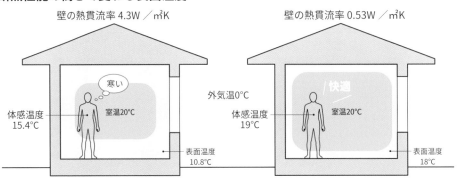

出典：「自立循環型住宅への設計ガイドライン」（一般財団法人建築環境・省エネルギー機構）

（輻射熱［※］）による影響 です。断熱性が低い住宅では、冬は表面温度が低くなります。そのため、エアコンなどの暖房器具で空気の温度を高めても、冷たい床や壁が人の体温を奪ってしまい、満足な暖かさを得ることができません。夏はその逆で、空気を冷やしても屋根や壁の表面温度が高いために、体の表面が冷えていても、体内に熱が溜まっているような不快な感覚が引き起こされます［図1］。体感温度は（室温＋外皮の室内側表面温度）÷2といわれており、表面温度が快適性に直結していることが分かります。

　断熱性が低いと、温度ムラができやすくなります。温かい空気は冷たい空気より軽いので上に溜まり、「頭がぼうっとするほど暑いのに足腰は冷えている」といった不快感につながります［図2］。また、断熱性の低い住宅で部屋ごとに冷暖房を行う場合、場所により大きな温度差が生じます。「部屋は暖かいが、廊下や脱衣所は極寒」などという住宅は、ヒートショック（急激な温度差によって引き起こされる疾患）が起こるなど健康面にも影響します［図3］。そうした不快な感覚を防ぐことが、断熱の目的の1つです。

図2：低い断熱性能の住宅の温度ムラ

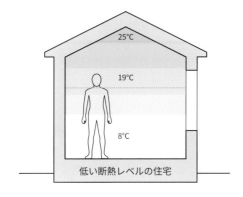

25℃
19℃
8℃
低い断熱レベルの住宅

図3：部屋ごとに温度差がある住宅

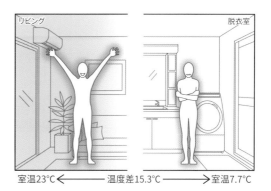

リビング　　　　　　　　　　　　　　脱衣室
室温23℃ ←——— 温度差15.3℃ ———→ 室温7.7℃

3　断熱性の低い住宅は光熱費を捨てている

　断熱をしっかりしたかどうかは見た目には分かりにくいのですが、お客様の損得に大きくかかわります。断熱性の低い住宅では、冷暖房機器を運転して快適にしようとしても、暖かさや涼しさをもたらす「熱」はどんどん外に逃げてしまいす。これでは、光熱費を無駄に捨てているのと同じこと。たとえ断熱工事でコストアップになったとしても、快適さと省エネを手に入れることができるのです。メリットとデメリットをしっかりと説明することが、責務といえるでしょう。

6章 エネルギーと環境対応

※ 温度の高い物体から低い物体へ、電磁波によって伝わる熱を「輻射熱」といいます。物体の中まで届く性質があるため、体感を大きく左右します

103

6-2 環境先進国と日本の性能差

ここが大切!

☑ 日本は諸外国と比べ断熱基準が低い "ガラパゴス"
☑ 今後は日本でも断熱基準が厳しくなることは必至
☑ 先手を打つことでビジネスチャンスを広げよう

1 日本は規制がゆるい断熱「後進国」

断熱性能については、諸外国でもその重要性に対する認識が高く、政策により基準や規制を設けてレベルアップを図っています。そのなかで、日本のレベルはどの程度だと思いますか？　図1は、「住宅の外皮平均熱貫流率（UA値）基準の国際比較」を表しています（UA値は、p109を参照）。縦軸が断熱性能の基準値で、上ほど断熱性が劣り、下ほど優れています。横軸の「暖房デグリーデー」はある地域の寒さの程度を示す指標で、右に行って数値が大きくなるほど暖房負荷が大きいことを表しています。英国、ドイツ、米国、韓国、日本のなかで、日本の基準値が最も「ゆるい」ことが見て取れます。

図1：住宅の外皮平均熱貫流率（UA値）基準の国際比較

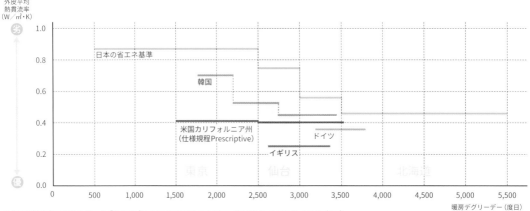

出典：野村総合研究所のデータ「NRIパブリックマネジメントレビューNo.138」を元にリノベるが作成

2　日本の省エネ住宅への取り組み

　地球温暖化対策のために、地球規模で CO_2 排出量削減が求められています。日本では2050年までの目標として、「カーボンゼロの宣言」（2050カーボンニュートラル）が表明されています。達成に向けて、省エネ基準の強化や補助・公的融資の強化などのロードマップが示されています［表1・図2］。

　リノベーションを行う既存住宅に対しては、省エネ基準の適合義務は見送られており、断熱性の高い窓や高性能エアコン、高効率給湯器などの補助制度による誘導が図られているところです。

表1：日本の住宅省エネ施策（ロードマップ）

2021年	省エネ性能説明義務化（新築住宅に適用）
2022年	誘導基準をZEH水準に引上げ（新築住宅 強化外皮基準＆BEI 0.8以下）
	住宅性能表示制度の多段階追加（戸建て住宅の外皮の断熱性能に等級6・7を追加）
2024年	省エネ住宅性能表示制度の強化（新築の分譲・賃貸住宅に適用、既存住宅は試行）
2025年	省エネ基準適合義務化（新築住宅）
2030年	強化省エネ基準の義務化（新築住宅）
	ZEH水準の強化（新築住宅 外被基準＆BEI 0.8以下）
2050年	カーボンニュートラル（社会全体）

図2：脱炭素社会に向けたロードマップ（2021年8月）

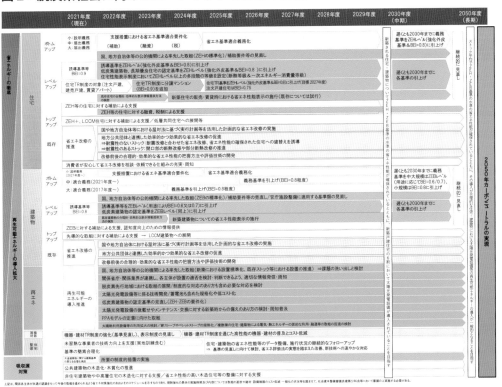

2050年に①住宅ストックが、平均でZEH・ZEB基準の水準の省エネ性能が確保されること、②導入が合理的な住宅・建築物において、太陽光発電設備などの再生可能エネルギーの導入をすること。上記の状態が一般的になることを目標としたロードマップが公開されています。詳細は、「国土交通省 省エネロードマップ」をご参照ください

出典：「脱炭素社会に向けた住宅・建築物における省エネ対策等のあり方・進め方に関するロードマップ（2021.8）」（国土交通省・経済産業省・環境省）

6-3 省エネリノベーションの消費者メリット

ここが大切！
- ☑ ランニングコストも含めたトータルコストで説明する
- ☑ 高断熱の住宅では健康的に暮らせる
- ☑ お客様の満足を得ながら単価アップにつなげられる

1 総合的なコストで比較すると得だと分かる

　省エネ性能を向上することはもちろん有益なことですが、工事にはその分コストがかかり、それを支払うのはお客様です。お客様にメリットを正しく伝え、工事費の上乗せを納得していただく必要があります。

　メリットの1つは快適性（p103）です。2つ目のメリットは、冷暖房費が下がることです。住宅の規模にもよりますが、年間数万円単位で下がるケースもあるでしょう。月々の光熱費も含めたランニングコストで損得を計算すれば一目瞭然で、納得へと導ける可能性が高まります［図1］。例を挙げると、中古住宅の購入＋リノベーションで性能向上のコストアップが200万円とします。住宅ローンを35年で組んだ場合、月々の返済額は5,200円程度のアップで納まります［図2］。返済額が増えた分を光熱費の減額分でほぼまかなえることになります。

図1：トータルコストの比較

建築費は上がるが、光熱費や維持費・その他が削減できる

維持費・その他　　維持費・その他
光熱費　　光熱費
住宅建築費　　住宅建築費

一般住宅　　省エネ　　リノベーション住宅

図2：月の返済費のシミュレーション

断熱＋省エネリノベーションでのコストアップ

住宅ローン（35年）	3,000万円	3,200万円
月々の返済額	77,875円	83,067円

約5,200円の差
（金利0.5％元利均等返済で試算）

2 健康的に暮らせて 間取りの自由度も高められる

断熱性を高めれば、外気との温度差によって壁や窓に発生する結露（空気中の水蒸気が冷えて水になる）も抑えられます。結露はカビ発生やアトピー症状の原因になることがあるので、これを抑制できます。断熱性を高めればエアコン1台で住宅全体をカバーすることも可能なため、エアコンの設置費用や更新費用も削減できることになります。さらに、個室を区切る間仕切を減らすことができ、間取りの自由度が広がります。デッドスペースを使える居場所に変えられ、同じ床面積でも広々とした感覚で暮らせます。

また日本では、交通事故で亡くなる人の数よりもヒートショックで亡くなる人が4倍多い状態です［図3］。「断熱改修等による居住者の健康への影響調査」（国土交通省）では、住宅の断熱化でヒートショックを防止し、健康寿命を伸ばせることが明らかになってきています。

図3：交通事故死亡者数と入浴中死亡者の比較

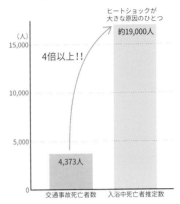

ヒートショックが
大きな原因のひとつ

約19,000人

4倍以上!!

4,373人

交通事故死亡者数　入浴中死亡者推定数

3 お客様の満足と客単価アップを同時に実現

光熱費を抑えながら、快適で健康的な暮らしができ、かつ CO_2 削減にも貢献できるなど、断熱によるたくさんのメリットを説明してきました。ビジネス視点から見れば、お客様に満足していただきながら、売上の単価アップにもつながります。

豆知識

お客様はお得な情報に敏感。 国の補助制度を利用しよう

「環境性能に応じた住宅ローン減税」「こどもエコすまい支援事業」「先進的窓リノベ事業」など、住宅を断熱化や省エネ化するリノベーションについて、国は減税制度や補助金制度を用意しています。いずれの事業にも期限があるので、常に最新の情報を仕入れておきましょう。補助金の知識をしっかり身に付けておくことで、お客様にお得な情報として提供でき、契約獲得にはずみをつけるきっかけもできることでしょう。

6-4 住宅の省エネルギー性能の指標

ここが大切！
- ☑ 外皮性能と一次エネルギー消費量で評価される
- ☑ 断熱性は熱の逃げやすさの指標はU_A値
- ☑ 一次エネルギー消費量の指標はBEI

1 外皮性能と一次エネルギー消費量性能

日本の省エネルギーに関する基準（省エネ基準）は、建築物のエネルギー消費性能の向上に関する法律「建築物省エネルギー法」で定められています。住宅の省エネルギー性能の評価は、外皮性能（住宅の外壁［窓］・屋根［天井］・床の断熱性）と、一次エネルギー消費量性能（暖冷房設備、換気設備、給湯設備、照明設備、家電など）によります［図1］。省エネ基準に適合するには、この2つの基準を満たす必要があります。

図1：住宅の省エネルギー性能の評価

外皮の断熱性
・外皮平均熱貫流率
・冷房期の平均日射熱取得率

＋

一次エネルギー消費量
・暖冷房、換気、照明、給湯
・再生可能エネルギー（太陽光発電など）

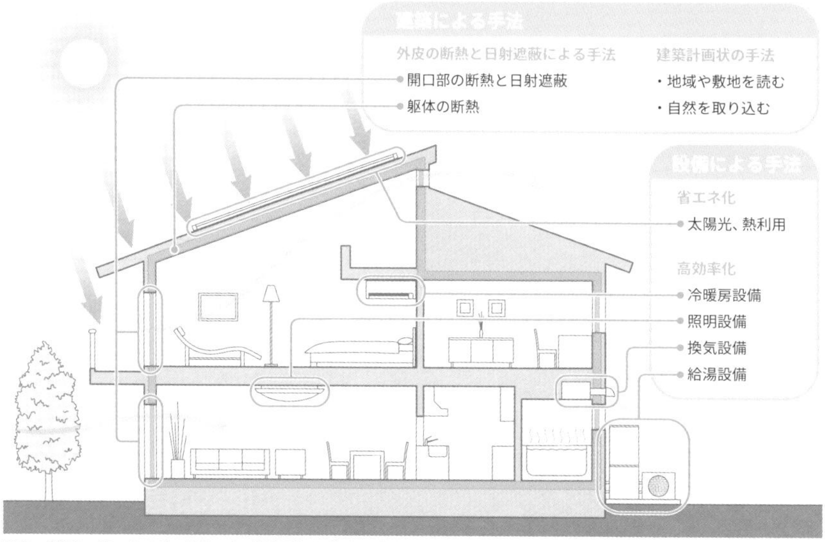

環境による手法

外皮の断熱と日射遮蔽による手法
- 開口部の断熱と日射遮蔽
- 躯体の断熱

建築計画状の手法
・地域や敷地を読む
・自然を取り込む

設備による手法

省エネ化
- 太陽光、熱利用

高効率化
- 冷暖房設備
- 照明設備
- 換気設備
- 給湯設備

出典：「住宅の省エネルギー基準」（一般財団法人 住宅・建築SDGs推進センター）

2 外皮の断熱性を評価する指標

外皮の断熱性は、「U_A値」と「ηAC値」という2つの数値で決まります。

U_A値（外皮平均熱貫流率）
ユーエーチ

U_A値とは、建物全体の熱の通しやすさ（断熱性）の指標です［図2］。正確な定義でいうと、冬の内外温度差が1℃の場合の屋根（または天井）、壁、開口部、床から逃げる熱量の合計を全外皮面積で割って求めたもの。数値が小さいほど、熱が逃げにくく断熱性能が高いことになります。リノベーションにおいては、高性能な窓への交換、もしくは内窓を設置する、天井・床・外壁面の断熱材を厚くすることで、U_A値を向上できます。

図2：U_A値の概念図

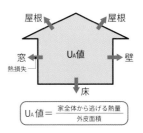

ηAC値（冷房期の平均日射熱取得率）
イータエーシーチ

ηAC値は、夏（冷房期）の日射エネルギーの入りやすさの指標です［図3］。正確な定義は、単位日射強度当たりの、屋根（または天井）、全方位の壁および全方位の開口部から侵入する熱量の合計を全外皮面積で割って求めます。数値が小さいほど夏の日射取得率が小さく、夏の日射遮蔽性能がよいことになります。太陽による熱エネルギーは屋根や外壁から住宅内に入り、窓から入る熱量が特に大きくなります。リノベーションの実務においては、窓の日射遮蔽性能を向上する（Low-Eガラス）とか、戸建て住宅の場合は、太陽高度を考慮した庇を設置することでηAC値を向上できます。

図3：ηAC値の概念図

ηAH値
イータエーエイチチ

ηAH値は、冬（暖房期）の平均日射取得率の指標です。冬においては、日射を取り入れることで室内温度が上昇する恩恵が得られるので、日射取得率は大きいほどよいです。ηAC値とηAH値は相反するようですが、太陽高度を考慮した庇、配置計画の工夫、年間気温の状況などを踏まえて目標値をそれぞれ設定できます。なお、省エネ基準の外皮性能においてはηAH値の基準値はありませんが、次頁で説明する「一次エネルギー消費量」に影響します。

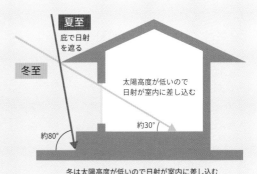

冬は太陽高度が低いので日射が室内に差し込む

3 一次エネルギー消費量の求め方とBEI

一次エネルギー消費量は、外皮性能や住宅設備の省エネ性能の総合力で求めます。具体的には、断熱性であるUA値を高める、夏の日射を遮り冬の日射を取得しやすい窓を工夫してηAC値・ηAHを向上する、給湯器を高効率なエコジョーズやエコキュートに更新する、高効率エアコンに更新などを行うことで、一次エネルギー消費量を改善できます。

計算は、国立研究開発法人 建築研究所のWEBプログラム「住宅に関する省エネルギー基準に準拠したプログラム」を使います。なお、エアコンの性能値や高断熱浴槽、水栓の節湯機能など、入力を細かく行うことでより正確に算出できます。

建築物省エネ法では、住宅・建築物の一次エネルギー消費量の基準の水準として、「BEI（Building Energy Index）」を用います［表1］。「当該住宅の断熱仕様による一次エネルギー消費量の合計」を「省エネ基準として地域別に求められる一次エネルギー消費量の合計」で除することで求めます。省エネ基準では、BEIは1.0以下、誘導基準はBEI 0.8以下です。

表1：一次エネルギー消費量に関する等級（BEI）

等級	BEI
等級6（誘導基準）	0.8以下［＊］
等級5	0.9以下
等級4（省エネ基準）	1.0以下
等級3（既存のみ）	1.1以下

2022年4月1日、一次エネルギー消費量等級6が施行されました

4 建築物の省エネに関する指標

住宅性能表示制度では断熱等性能等級（断熱等級）で省エネレベルを区分しています［表2］。

表2：住宅性能表示制度が定める断熱等性能等級

等級		地域区分							
		1（夕張等）	2（札幌等）	3（盛岡等）	4（会津若松等）	5（水戸等）	6（東京等）	7（熊本等）	8（沖縄等）
等級7（戸建住宅）	UA	0.20	0.20	0.20	0.23	0.26	0.26	0.26	—
	ηAC	—	—	—	—	3.0	2.8	2.7	—
等級6（戸建住宅）	UA	0.28	0.28	0.28	0.34	0.46	0.46	0.46	—
	ηAC	—	—	—	—	3.0	2.8	2.7	5.1
等級5（ZEH水準）	UA	0.4	0.4	0.5	0.6	0.6	0.6	0.6	—
	ηAC	—	—	—	—	3.0	2.8	2.7	6.7
等級4（省エネ基準）	UA	0.46	0.46	0.56	0.75	0.87	0.87	0.87	—
	ηAC	—	—	—	—	3.0	2.8	2.7	6.7
等級3	UA	0.54	0.54	1.04	1.25	1.54	1.54	1.84	—
	ηAC	—	—	—	—	4.0	3.8	4.0	—
等級2	UA	0.72	0.72	1.21	1.47	1.67	1.67	2.35	—
	ηAC	—	—	—	—	—	—	—	—

＊ 等級4が、建築物省エネ法で定める省エネ基準（現状では既存住宅には適用されてない）
＊ 等級5が、建築物省エネ法で定める誘導基準（同上）

また、省エネルギーに特化した唯一の第三者評価制度にBELSがあります。これは、不動産事業者等は建築物の省エネ性能を表示するように努めることが求められています。建物の省エネ性能が5段階で評価され、結果が★の数で表示されます。★★★★★が最高ランクであることを意味しています。

6-5 省エネルギー性能の表示の動き

ここが大切!

☑ 販売・賃貸時の省エネ性能表示制度が改正される

☑ WEBプログラムから光熱費を導き出せる

販売・賃貸時の省エネ性能表示制度と光熱費目安

建築物省エネ法の改正で、2024年度早々に「建築物の販売・賃貸時の省エネ性能表示制度」が施行されます。対象は、新築分譲住宅と新築賃貸住宅です。表示項目は次のとおりです［表1・図1］。なお、既存住宅は試行実施とされ、任意となります（2023年現在）。

表1：建築物の販売・賃貸時の省エネ性能表示制度

必須項目	外皮性能の多段階評価（U_A値と等級表示）
	一次エネルギー消費量の多段階評価（基準一次エネルギー消費量からの削減割合）
任意項目	再生エネルギー利用設備の設置の有無
	再生エネルギーを考慮した場合の一次エネルギー消費量の多段階評価
	第三者評価の有無（登録機関によるBELS取得など）
	目安光熱費の表示(WEBプログラムの計算結果の電気[KWH]またはガス[MJ]を活用)

図1：住宅の省エネルギー性能の広告表示のイメージ

出典：「ラベル・評価書のイメージ」(国土交通省)

目安光熱費については、建築研究所のWEBプログラム「住宅に関する省エネルギー基準に準拠したプログラム」（p110）で算出できます。「WEBプログラム」に外皮性能の数値や設備の省エネ性能（冷暖房、換気、照明、給湯、再エネなど）を入力すると一次エネルギー消費量が出てきます。この一次エネルギー消費量（MJ）を二次エネルギー消費量（MJ）に換算すると、電気（kWh）、都市ガス（㎥）も同プログラムの巻末に表示されます［※］。この二次エネルギー消費量の換算値に、電気代単価（円／kWh）、ガス代単価（円／㎥）を乗ずれば目安光熱費が分かります。

※ 一次エネルギーから二次エネルギー(kWh、㎥)への変換値は、一次エネルギーの電気（MJ）から二次エネルギーへは、0.102（kWh／MJ）を乗ずる。一次エネルギーのガス（MJ）から2次エネルギーへは、0.022（㎥／MJ）を乗ずる

6章 エネルギーと環境対応

6-6 省エネリノベーションの勘所①
戸建て編

ここが大切！
- ☑ 熱が逃げやすい窓の断熱が最も効果的
- ☑ 気密性や日射調整も快適さと、省エネに影響する
- ☑ 必要な断熱性能は地域の気候によって異なる

1 最も熱が逃げやすいのは、窓

　戸建て住宅の断熱化では、どんなポイントを押さえるべきでしょうか。まずは、どこから熱が逃げているかを知ることから始めましょう。図1は断熱性の低い住宅の例で、窓などの「開口部」からの熱損失が飛び抜けて多いことが分かります。夏は冷房の涼しさを、冬は暖房の暖かさを、開口部が奪ってしまうのです。左側は夏の図ですが、矢印は外から室内に入ってくる熱を表しています。日射をじかに受ける屋根は4%なのに対し、窓を通して入る熱は74%と大部分を占めます。冬も、半分以上の熱が窓から逃げてしまうわけです。つまり、窓の断熱性を高めることが、最も効果的であるといえます。具体的には、断熱性の高いガラスやサッシに交換するか、内窓を設置します。開口部の1つである玄関ドアも忘れずに、断熱性の高いものに交換しましょう。

図1：熱の出入りが一番大きいのは窓

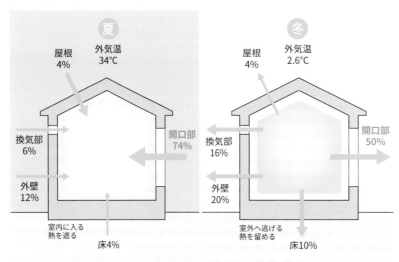

※左記数値はYKK AP算出
窓からの熱の流入出比率の算出条件
【解析No:00033】（2021年）
使用ソフト：AE-Sim/Heat（建築の温熱環境シミュレーションプログラム）／株式会社建築環境ソリューションズ ●気象データ：「拡張アメダス気象データ」2010年版 標準年／一般社団法人日本建築学会　●住宅モデル：2階建て／延床面積 120.08㎡／開口部面積 32.2㎡（4〜8地域）「平成25年省エネルギー基準に準拠した算定・判断の方法及び解説Ⅱ住宅」標準住戸のプラン●躯体：平成28年省エネルギー基準レベル相当　●窓種：アルミ（複層ガラスA8未満）●環境条件：冬：外気温：2.6℃、室温：20℃ 2月14日 5〜6時（日平均外気温最低日）、東京　夏：外気温：34.8℃、室温：27℃ 8月5日 14〜15時（日平均外気温最大日）、東京

断熱と気密はセットで考える

　窓のほかには、屋根、壁、床、基礎廻りに断熱材を加えることで、断熱性はさらに向上します[図2]。ただし、いくら断熱性を高めても、家に隙間が多くては、快適性や省エネ性を得られません。そこで、断熱とセットで考えなくてはならないのは気密性の向上です。壁と窓との取合い部、エアコンの配管が貫通する孔、コンセント廻りなどに、隙間が生じないよう配慮が必要です。隙間が多いと、冷暖房の効果が落ち、快適性も得られません。

図2：戸建て住宅の省エネリフォームの例

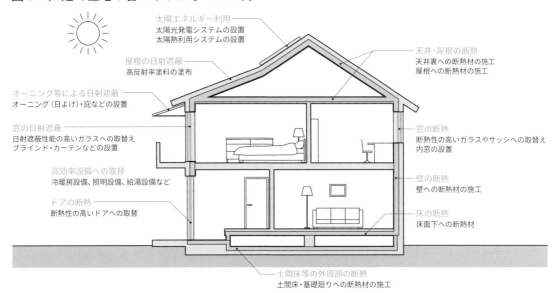

太陽エネルギー利用
太陽光発電システムの設置
太陽熱利用システムの設置

屋根の日射遮蔽
高反射率塗料の塗布

オーニング等による日射遮蔽
オーニング（日よけ）・庇などの設置

窓の日射遮蔽
日射遮蔽性能の高いガラスへの取替え
ブラインド・カーテンなどの設置

高効率設備への取替
冷暖房設備、照明設備、給湯設備など

ドアの断熱
断熱性の高いドアへの取替

天井・屋根の断熱
天井裏への断熱材の施工
屋根への断熱材の施工

窓の断熱
断熱性の高いガラスやサッシへの取替え
内窓の設置

壁の断熱
壁への断熱材の施工

床の断熱
床面下への断熱材

土間床等の外周部の断熱
土間床・基礎廻りへの断熱材の施工

出典：「住宅の省エネリフォームガイドブック」（東京都都市整備局）

　「日射の調整」も非常に重要です。冬は、窓からたっぷりと日射を採り入れれば、暖房として利用することができます。しかし夏は、暑さの原因となる直射日光をできるだけ室内に入れたくありません。本来、東西や南面には軒や庇を出して、窓の外側で日光を遮るのがベストですが、ない場合はオーニング（日よけ）を後付けするとよいでしょう。庭に落葉樹を植えれば、夏には日射を遮り木陰をつくってくれ、冬には葉を落として日当たりがよくなります。断熱、気密、日射取得・遮蔽のバランスがとれたリノベーションをすることが肝心です。

豆　知　識

求められる断熱性能は地域で異なる

日本は南北に長い国なので、地域によって気候に大きな差があります。1つの基準を当てはめるのには無理があるので、各地の気候に合わせた8段階の断熱性能区分が設けられています。これを参照して目指すべき性能（U_A値）を知り、過不足のない工事を行ってください。

1地域
2地域
3地域
4地域
5地域
6地域
7地域
8地域

6-7 省エネリノベーションの勘所②
マンション編

ここが大切!

- ☑ マンションも開口部の断熱化を優先的に行う
- ☑ 住戸によって断熱が必要な箇所は違う
- ☑ 共用部は交換できないので注意

1 共用部分である開口部の断熱はどうする？

　建物の周囲すべてが外気と触れ合う戸建て住宅と異なり、マンションに必要な断熱の範囲は建物の条件によって変わります。住戸をサイコロのような6面体と考え、外気に触れている箇所を断熱すればよいのです [図1]。最上階の場合は天井断熱が必要になります。1階住戸や、下の階が吹きさらしの場合は床の断熱も [図2]。開口部がある面の、壁と天井の折返し部分は、天井部の断熱を怠るとそこが熱の移動経路（熱橋）となり、熱が流出してしまいます [図3]。しっかりと対策をしましょう。

図1：左右を住戸に挟まれている場合の断熱箇所

図2：最上階と、住戸の最下階に接する場合の断熱箇所

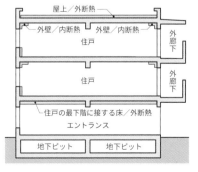

図3：天井部の熱橋対策の概念図

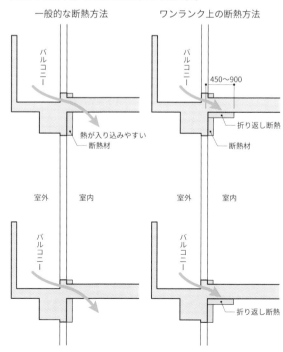

2 断熱の要・不要を知って ムダな工事をなくす

マンションの場合も、まずは開口部の断熱が大切であることは戸建て住宅と変わりません。しかし、窓や玄関ドアは「共用部分」になるので勝手に交換したり手を加えたりできない点が戸建て住宅との大きな違いです。そこで、既存の窓の手前に、内窓を設置することで対処します［図4］。断熱性だけでなく防音効果も期待できるので、交通量の多い道路沿いのマンションでは静かになるというメリットも得られます。

図4：内窓の概念図

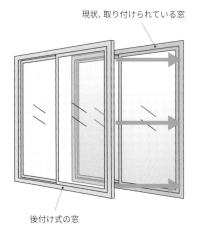

現状、取り付けられている窓

後付け式の窓

MEMO ▷ **自分で体感することから始まる 断熱リノベーション。**

　古い住宅の欠点の1つともいえるのが断熱性です。夏の暑い日に冷房が、冬の寒い日に暖房が十分に効かないように思えるのは断熱性能が低いという問題があるからです。しかし、間取りの変更や水廻りの刷新と違い、断熱性の高い・低いは目には見えず、そのメリットをお客様になかなか理解してもらえません。そこでお勧めするのは、断熱性能の高い物件に行って、体感することです。各メー

カーのショールームで気軽に体感することもできます。お客様をショールームなどにお連れして体感してもらうことで、断熱性が高い物件の快適さや、暖冷房費の削減、ヒートショックのリスク回避、カビ・ダニの抑制といったメリットを理解してもらいやすくなります。「断熱・体感・ショールーム」などのキーワードで、体感できる場所を探すことから始めてみてください。

6-8 省エネリノベーションの勘所③ 設備編

ここが大切!

- ☑ 家庭では冷暖房・給湯以外のエネルギー消費も多い
- ☑ 省エネ仕様の家電や設備を積極的に採用しよう
- ☑ 創エネルギーで電気代0円も目指せる

1 暮らしの消費エネルギーを減らす

　図1を見ると、1965年と2018年では世帯当たりのエネルギー消費量は約2倍に増えたことが分かります。これを減らしていくことは、カーボンニュートラル実現のためにも急務です。

　建物の断熱・気密・日射取得・日射遮蔽がバランスよくできたら、住宅の省エネ化は完成でしょうか。たとえば10年前、400〜450リットルの冷蔵庫の電気代は、年間25,000円でした。しかし、最新鋭の冷蔵庫では年間約4,500円。断熱を高性能にし、気密を高めたうえで、さらに高効率化されたヒートポンプを組み込むことで電気代を1／5にできたのです。住宅もこれと同じこと。断熱・気密と併せて高効率な家電や設備を導入することで、はじめて省エネ住宅といえます。

図1：家庭の用途別エネルギー消費の推移

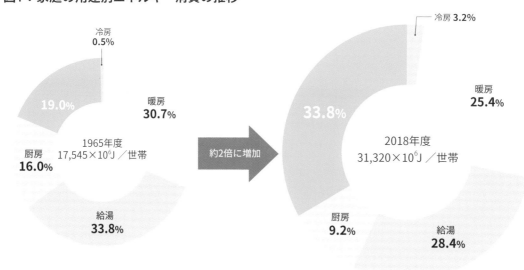

出典：「エネルギー白書2020」（資源エネルギー庁）

2　省エネ設備を積極的に採用する

　家庭で消費するエネルギーの内、冷暖房は約30%を占めます［図1］。まずこれは、高断熱化で圧縮することができるでしょう。照明器具はLED一択。その差は、白熱灯を1つ灯す電力で、同じW数のLED電球なら10個灯すことができるほど。住宅全体となると、双方の消費電力には大きな開きが出ます。調光や人感センサーを活用することで、さらなる省エネ性向上もできます。

　エアコンや給湯器を省エネタイプに更新し、そのうえで換気装置に「熱交換型」を選ぶと、換気によって冷暖房効果が落ちることを防げ、空調効率がさらに高まります。

　戸建て住宅なら、屋根に太陽光パネルを設置して自家発電を行い、蓄電池に貯めた電力を夜間に使えば、消費電力との相殺で消費エネルギーをゼロとすることも可能です［図2］。

図2：高効率な設備の一例

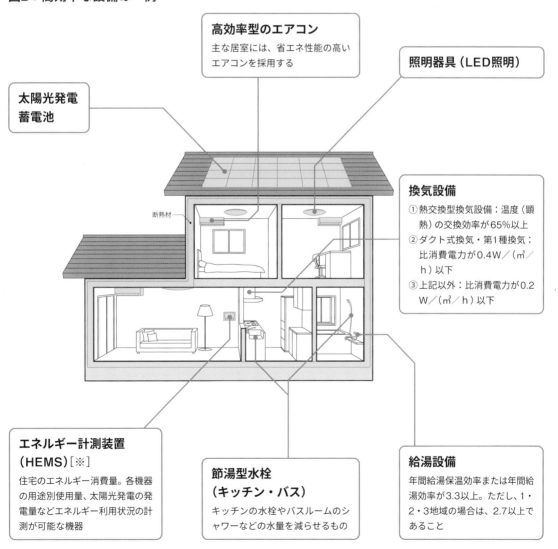

高効率型のエアコン
主な居室には、省エネ性能の高いエアコンを採用する

照明器具（LED照明）

太陽光発電　蓄電池

断熱材

換気設備
①熱交換型換気設備：温度（顕熱）の交換効率が65%以上
②ダクト式換気・第1種換気：比消費電力が0.4W／（㎥／h）以下
③上記以外：比消費電力が0.2W／（㎥／h）以下

エネルギー計測装置（HEMS）[※]
住宅のエネルギー消費量。各機器の用途別使用量、太陽光発電の発電量などエネルギー利用状況の計測が可能な機器

節湯型水栓（キッチン・バス）
キッチンの水栓やバスルームのシャワーなどの水量を減らせるもの

給湯設備
年間給湯保温効率または年間給湯効率が3.3以上。ただし、1・2・3地域の場合は、2.7以上であること

※　Home Energy Management System（ホーム エネルギー マネジメント システム）の略。家電や電気設備とつなぎ、エネルギーの使用量をモニター画面で確認できるようにしたり、各機器を自動制御して使用エネルギーを最適化したりする仕組み

6-9 省エネによる 減税・補助金・優遇制度

ここが大切!
- ☑ 減税制度は環境性能などで内容が異なる
- ☑ 各省や都道府県、市町村による補助金制度が出始めている
- ☑ 住宅金融支援機構による優遇制度も確認する

1 省エネによる住宅ローン減税制度

住宅ローン減税制度は、住宅の環境性能などに応じて限度額が定められています［表1］。買取再販では、省エネ住宅適合住宅の優遇がなされ、令和6年より「その他の住宅」は借入限度額が0円になります。（ただし、この場合、既存住宅の「その他の住宅」の2,000万円（控除期間10年）は受けられます）

表1：住宅ローン減税（住宅の環境性能等に基づく限度額）

新築等／既存	住宅の環境性能等	借入限度額		控除期間
		令和4・5年入居	令和6・7年入居	
新築住宅 買取再販	長期優良住宅・低炭素住宅	5,000万円	4,500万円	13年間
	ZEH水準省エネ住宅	4,500万円	3,500万円	
	省エネ住宅適合住宅	4,000万円	3,000万円	
	その他の住宅	3,000万円	0円	
既存住宅	長期優良住宅・低炭素住宅 ZEH水準省エネ住宅 省エネ住宅適合住宅	3,000万円		10年間
	その他の住宅	2,000万円		

※ 住宅の環境性能の確認時期は「住宅取得の性能値」。買取再販を除く既存住宅売買ではお客様が取得後、省エネ性能を高めるリノベーションをしても住宅ローン控除では評価されません。取得時の性能が評価されます。
※ 主な要件「自ら居住」、「ローン期間10年以上」、「登記床面積50㎡以上」、「引渡しから6か月以内に入居」、「所得2,000万円以下」、「昭和57年以降の建築確認または新耐震基準適合」

豆 知 識

長期優良住宅

長期にわたり良好な状態で使用するための措置を講じられた優良な住宅です。長期優良住宅の建築および維持保全の計画を作成し、所管行政庁に申請します。長期優良住宅の普及の促進などに関する促進法に基づいて認定を受けられます。長期優良住宅の技術基準には、省エネルギーに関する事項があり、建築物省エネ法の誘導基準（ＺＥＨ相当基準　断熱等性能等級と一次エネルギー消費性能等級6）が該当します。長期優良住宅には建設・リフォームに対する補助金や住宅ローン減税、固定資産税の優遇措置などさまざまな助成措置が用意されています。

2 省エネによる補助金制度

国土交通省、経済産業省、環境省が合同で省エネ住宅推進のための補助事業を行っています [図1]。各年度単位の時限措置ですが、省エネ住宅に関する補助事業は今後ますます充実してくると思われます。そのほか、「東京ゼロエミ」補助事業など、都道府県、市町村が省エネ住宅に向けた助成が登場してきており各地で広がっています。

図1：住宅省エネ2023キャンペーン

3 住宅金融支援機構による省エネ関連融資

代表的な融資制度をいくつか紹介します。

フラット35リノベ

「フラット35」において、中古住宅の取得と併せてリノベーション（リフォーム）を行う場合に、購入資金とリノベーション費用を併せて融資ができる融資メニュー「フラット35リノベ」があります。買取再販住宅でも、個人間売買（取得と併せたリフォームを含む）でも融資対象となります。このメニューの金利引き下げ措置の1つに、省エネタイプがあります [表2]。そのほか、耐震性やバリアフリー性、耐久性・可変性（長期優良住宅）のプランがあります。

表2：フラット35リノベの金利プラン（省エネタイプ）

2023年4月1日現在

> a. 金利引下げAプラン（省エネタイプ）　当初10年間の金利▲0.5％／年
>
> 次の省エネ性能向上を行う住宅（いずれか）で、全体のリノベーション工事費が300万円以上
> ○断熱等性能等級4の住宅で、かつ、一次エネルギー消費量等級6の住宅
> ○断熱等性能等級5以上の住宅で、かつ、一次エネルギー消費量等級4以上の住宅
>
> b. 金利引下げBプラン（省エネタイプ）　当初10年間の金利▲0.25％／年
>
> 断熱材の追加工事／断熱性の高い開口部への交換工事／高効率空調機・高効率給湯器・太陽光発電設備等の設置工事 などのいずれかを行う工事で、全体のリノベーション工事200万円以上

グリーンリフォームローン

お客様が所有する住宅の断熱性・省エネ性を高める省エネリフォーム専用のローンです。省エネリフォームに関する技術基準は「窓、断熱材の断熱性能を高める工事」または「高効率エアコン、高効率給湯器などの省エネ設備を導入する工事」となります。

省エネ工事のためのリフォームローン

気軽にできる断熱リノベーション

　高性能な住宅の普及が遅れているのは、「体感」が足りないからです。それを解決するために7年ほど前から、「断熱ワークショップ」（以下、断熱WS）を始めました。断熱WSでは、人々が自分の手で、つまりDIYで、断熱の効果を気軽に体感できる機会を提供しています。断熱とは、簡単にいうと「隙間風をなるべく減らし、熱が逃げないようにする」ことです。熱は下から上に動くので、その原理を踏まえて断熱WSを実践しています。ここでは、活動の一部を紹介します。なお、断熱WSで使うすべての材料は、ホームセンターやAmazonといった身近なところで手に入れられるものとしています。

「断熱畳」

古い住宅では、畳の下が板1枚で隙間だらけということが往々にしてあります。畳を剥がし、ポリエチレンシートなどの気密シートを気密テープで張り合わせて敷き込み、そこに厚さ4mmのスタイロフォームシートを張ります。最後に、畳を戻します。これで隙間風による温度の低下が防げます。今

まで寒くてジンジンしていた足先が、WSの後は気にならなくなったといった声をよく聞きます。

「断熱障子」

和室の障子をそのまま断熱化させるプログラムです。障子の桟と枠には「チリ」があり、そこに4mmの複層ポリカーボネート板を落とし込んで桟木で留め付けます。そこに障子を張り、3つの空気層をもつ建具に変える試みです。ポリカーボネートの熱伝導率はガラスの1／6。さらに複層で空気層もつくるため、ペアガラスと似た構造になります。その特性を生かして障子を内窓化します。最近では、木製内窓をWSでつくる機会も増えています。

「断熱床パネル」

フローリングの場合、一般の人が剥がすのは至難の業。特に賃貸では、フローリングは剥がせません。そこでお勧めするのがこの方法です。3×6のシナ合板を8分割して450角の板をつくり、同じ大きさのスタイロフォーム（厚み30〜40mm）をボンドなどで張り付けます。シナ合板を塗料などで保護し、これを床に敷き詰めるだけで床断熱ができます。パネル状になっているので組み合わせは自在。余りはスタッキングしてしまっておけます。

執筆：株式会社エネルギーまちづくり社　内山 章

7章
関連法規・制度

7-1 住生活基本法と住生活基本計画

1 日本の住宅政策の方向性と官民の連携促進

　社会経済の変化に伴い国民の暮らしも変わり、その変化に対して各省庁ではさまざまな議論を進め、また政策コンセプトを制定しています。こうした動きを理解するには次の3つの視点をもつことが大切です。1つ目は、生活者・消費者のライフスタイルの変化と実態の把握。2つ目は、その実態に対して国が打ち出している政策方針の理解。3つ目は、その政策方針を踏まえて国および企業が行うべき施策の検討、です。

　国が示す現時点での政策の方向性の概要や、また未来を見据えて官民が連携し協議している内容を理解し、それを国民の住生活に反映する一助を担う重要な仕事であることを認識しておきましょう。

2 住生活基本法制定の経緯

　「住生活基本法」は、2006年に施行された法律です。豊かな住生活の実現を図ることを目的とし、次の4つの基本理念を掲げています。

- 現在及び将来における国民の住生活の基盤となる良質な住宅の供給
- 住民が誇りと愛着をもつことのできる良好な住環境の形成
- 居住のために住宅を購入する者および住宅の供給等に係るサービスの提供を受ける者の権益の擁護および増進
- 低額所得者、被災者、高齢者、子どもを育成する家庭その他住宅の確保に特に配慮を要する者の居住の安定の確保

　「住生活」という観点は、「量」の充足に重きを置いた日本の戦後の住宅政策から、日本国民の生活の「質」を高めることに舵を切り始めたことを示す、有意義な内容といえます。背景には、少子高齢化や人口減少が進むなかで、住宅政策の根本的な見直しが必要になったことが挙げられます。

3 住生活基本計画

　住生活基本計画（全国計画）は、「住生活基本法」にもとづき、国民の住生活の安定の確保および向上の促進に関する基本的な計画として策定されるもので、おおむね5年ごとに見直されています。国の施策や各自治体の施策もこの住生活基本計画をもとに策定されるので、中長期的な視点でこの計画を理解しておく必要があります。

　2016年には、2025年度までの10年間における国の住宅政策の指針として、8つの目標が掲げられました [表1]。この目標は、①「若年・子育て世代や高齢者が安心して暮らすことができる住生活の実現」、②「既存住宅の流通と空き家の利活用を促進し住宅ストック活用型市場への転換を加速」、③「住生活を支え強い経済を実現する担い手としての住生活産業を活性化」の3つの方針に分けられていましたが、5年後の2021年の見直しでは、さらにここから10年後を見据えて計画が更新されました。新たな住生活基本計画では、住生活をめぐる現状と課題を踏まえ、「社会環境の変化」、「居住者・コミュニティ」、「住宅ストック・産業」の3つの視点から、8つの政策目標を設定し、今後の施策の基本的な方向性を定めています。

　2016年の基本計画から5年後の2021年の更新を経て、「住宅ストック」が継続して重要施策の1つとして掲げられていることが注目されます。

表1：2021年3月に閣議決定された住生活基本計画の概要

①「社会環境の変化」の視点	②「居住者・コミュニティ」の視点	③「住宅ストック産業」の視点
【目標1】「新たな日常」やDXの進展等に対応した新しい住まい方の実現	【目標3】子どもを産み育てやすい住まいの実現	【目標6】脱炭素社会に向けた住宅循環システムの構築と良質な住宅ストックの形成
【目標2】頻繁・激甚化する災害新ステージにおける安全な住宅・住宅地の形成と被災者の住まいの確保	【目標4】多様な世代が支え合い、高齢者等が健康で安心して暮らせるコミュニティの形成とまちづくり	【目標7】空き家の状況に応じた適切な管理・除却・利活用の一体的推進
	【目標5】住宅確保要配慮者が安心して暮らせるセーフティネット機能の整備	【目標8】居住者の利便性や豊かさを向上させる住生活産業の発展

出典：「新たな住生活基本計画の概要」（国土交通省）

　ここでは、脱炭素社会の実現に向けた住宅循環システムの構築と良質な住宅ストックの形成の文脈からも既存住宅流通の活性化を目標としているなど、ますますリノベーションの社会的意義が明らかになってきています。

　また、経済産業省も「脱炭素社会に向けた住宅・建築物の省エネ対策等のあり方検討会」などを立ち上げるなど、省庁の境界を越えた最重要課題の1つとして、待ったなしの議論と取り組みが始まっていることにも着目すべきでしょう。

7-2 リノベーションに関する法規

ここが大切!

☑ 内装工事、軽微な工事だけでも実務にかかわる法規を把握する

☑ リノベーションでも建築確認が必要になる場合がある

☑ 契約や販売、広告に関する法規についても把握しておく

1 住宅リノベーションに関連する身近な法規

リノベーション事業に関連する法規は、建築基準法、建設業法のみならず、消防法や民法などをはじめ、実に多岐にわたります[表1]。内装工事や軽微な工事でも知らないうちにうっかり法律違反を犯してしまうと、後で大問題になることもあります。すべてを完璧に理解し、記憶するのは難しいですが、関係している法令にはどういうものがあるか頭に入れ、適切に対応できるようにしましょう。たとえば、住宅用火災警報器の設置義務などは内装工事のみでも対応が必要になることが多く注意が必要です。

また、建物を建築する際は、現行の法規などに適合しているかを確認するために地方公共団体などに必ず建築確認を行い、許可を受ける必要があります。既存住宅のリノベーション・リフォームだからといって、この建築確認がすべて不要というわけではありません。そのため、諸条件による建築確認申請の要否をきちんと理解しておく必要があります。また、建築確認が不要な内装工事のみであっても、建築基準法や消防法など、さまざまな内装の制限がありますので、工事の規模に応じて建築士などの有資格者に相談して協力を得ながら進めましょう。建築関連法規は本誌3章で触れています。

表1：建築物に関連する主な法規

建築基準法	建築物の敷地、構造、設備及び用途に関する最低の基準を定めた法律
建設業法	建設工事の適正な施工の確保を目的とする法律
耐震改修促進法	平成7年に阪神淡路大震災により、地震による建築物の被害を未然に防止することを目的に制定。耐震診断・耐震改修の努力義務
消防法	「住宅用火災警報器」の規格、種別、設置位置などが定められている。内装工事のみのリフォーム・リノベーションでも対応が必要になるので注意が必要

> **要 確 認！**
>
> ### 既存不適格建築物と違法建築物の違い
>
> 「既存不適格建築物」とは、その建物が建築された当時の法律には適合していたものの、その後の法改正などにより、現在の建築基準法などの法律には適合していない建築物のことを指します。「既存不適格建築物」をリフォーム・リノベーションして、そのまま住み続けることは問題ありませんが、建て替えや用途変更をしようとすると同規模の建物が建てられないなど注意が必要です。
>
> それに対して、「違法建築物」は、建築された当時から法令に適合していない場合や、建築時には適法だったものの、その後行った増改築などにより違法状態になっている建築物を指します。「既存不適格建築物」とは異なり、住宅ローンなどが利用できないことが多いので気をつけましょう。詳細はp52を参照ください。

2 住宅の契約・販売および営業・広告に関する主な法律

　建築基準法、建設業法、宅建業法以外にも、「民法」「消費者契約法」「特定商取引法」「景品表示法」など、契約や広告に関する法律も関連します。特に不動産・住宅業界では、「おとり広告」「誇大広告」「優良誤認表示」などは問題になることが多く、注意が必要です。

　関係法令については公益財団法人 住宅リフォーム・紛争処理支援センター・一般社団法人 住宅リフォーム推進協議会が無料で提供している「住宅リフォーム業者のための知っておきたいリフォーム関係法令の手引き」を参考にするとよいでしょう。

3 個人情報の取り扱いなど

　そのほか、住宅業界に限らず個人情報の取り扱いには厳重な管理が求められます。デジタルツールの普及により便利になった一方で、大量のデータが簡単に盗まれたり、漏洩したりすることも珍しくありません。従業員に対する教育、情報セキュリティーを常に更新するなど日ごろから注意が必要を心がけましょう。

　また、マイナンバーや個人情報（氏名・住所等個人が識別できる情報）の取得時には、利用目的を公表・通知したうえで、個人情報の厳重な管理が求められます。発注書、契約書、顧客データ等が保管・管理の対象になります。マイナンバーの取扱いについて、以下は処罰の対象となります。

① 他人のマイナンバーを不正に入手すること

② 他人のマイナンバーを取り扱う者が、マイナンバーや個人の秘密が記録された個人情報ファイルを不当に提供すること

写真掲載にも承諾がいる

工事現場やリフォーム建物の写真も個人が識別されると個人情報保護法違反に該当する可能性があります。ＨＰなどに掲載する場合は、プライバシーに配慮しながら、注文者・所有者の承諾を得るようにしましょう。承諾は必ず書面で交わすようにします。

7-**3** 国・自治体の補助金や 減税制度の活用

1 補助金・減税制度の重要性

リノベーションの実務を行ううえで、補助金の取得に関する知識はとても重要です。住宅のリフォームやリノベーションを行う際、補助金制度を活用したくても、補助金の対象になるか、また受給できる金額はいくらか、申請に必要なスケジュールはどうなっているかなど、お客様にとっては分からないことばかりです。

長期優良住宅化リフォーム事業のほか、耐震改修や省エネリフォームなどには、国だけでなく各自治体でもさまざまな支援事業を行っています。多くの支援事業は、年度ごとに期限付きで実施されるので、タイムリーに提案して活用することができれば、顧客満足度を高めるだけでなく、自社の利益にもつながります。

制度の詳細を把握していなかったために「そんな有利な補助金があったら該当する工事をお願いしたのに……」というようなことになれば、お客様の不利益になるうえ、事業者の評価を大きく下げ、ひいては係争にもつながりかねません。プランニングや見積りに大きく影響することなので、常に情報の更新をすることに努めましょう。

2 補助金の性質

補助金制度は、国の住宅政策等に大きく関係しています。この点においても p122 で触れた「住生活基本計画」をベースに、各省庁や自治体が政策を打ち出します。これらの政策を受けて、補助金の内容が決ります。近年は、世界規模で取り組まれている脱炭素の視点から「エコ・省エネ」の分野は特に注視しておきましょう。また、中古住宅流通の大きな課題である「耐震性」の確保に関する補助金など、社会情勢に連動して補助金の内容は決まります。

3　補助金の種類

　補助金の種類には国から補助されるものと、自治体から助成されるものとがあります。さらに、これらは年度により変わるものと、継続的に募集があるものとがあります。

国・省庁

　主に国土交通省、経済産業省、環境省による補助金制度があります。補助金の内容は国の住宅政策に連動し、各省庁ごとに重視する内容が異なります。

〈補助金・支援事業に関する参考サイト〉
■ 一般社団法人 リフォーム推進協議会（https://www.j-reform.com/r-hojyo/）
　　→リフォームの補助制度（各省庁主導の支援事業のほか、各自治体の支援事業の検索が可能）

〈補助金・支援事業に関する参考サイト〉
■ 一般社団法人 環境共創イニシアチブ（https://sii.or.jp/）
　　→経済産業省主導の支援事業の取り扱いが多い

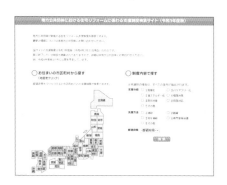

4　減税制度・金利優遇

　国民が住宅を取得しやすくするための住宅ローン控除（減税）のほか、リフォーム・リノベーションに関連する減税制度にもさまざまなものがあります。また、住宅金融支援機構の「フラット35（リノベ）」のように、一定の要件を満たした改修工事に対して金利優遇が適用されるものもあります（p119）。

〈減税制度に関する参考WEBサイト〉
■ 一般社団法人 リフォーム推進協議会（https://www.j-reform.com/zeisei/）
　　→リフォームに関連する減税制度情報

　支援の対象は、①耐震化、②バリアフリー化、③省エネルギー化、④環境対策、⑤防災対策、⑥同居対応、などかなり幅広い分野にわたります。場合によっては、国と自治体など複数の支援事業や減税制度を重複して申請できることもあるので、チェックしておきましょう。
　住宅ローン減税や一定の改修要件をクリアすることで得られる減税制度などを含めてアドバイスできると、お客様にとって大きなインセンティブになるだけでなく、事業者にとってもビジネスチャンスを広げることにつながります。

7-4 コンプライアンスと事業者のリスクマネジメント

ここが大切!

☑ **コンプライアンス違反は甚大な損害につながる可能性がある**

☑ **アフターサービスまで含めた事業体制を構築する**

☑ **お客様にとってデメリット・不利益になることも丁寧に伝える**

1 コンプライアンスの遵守

　この章で述べてきたとおり、リノベーションに携わる事業者が守らなければいけない関連する法規や制度、条例などは多岐にわたり、その多くは、消費者を守るためにできていることを私たちは肝に銘じておかなければいけません。

　また住宅業界に限らず、少し前の時代に比べて現代はコンプライアンス遵守がより厳正に求められるようになりました。コンプライアンスとは、企業の法令遵守のことをいいます。コンプライアンス違反は、思わぬところでトラブルを生じるばかりか、多大な時間とコストの代償を支払うことになったり、行政から勧告・処分を受けて事業の存続ができなくなったりする事態を招く可能性があります。

コンプライアンス違反が招く問題

- 事業者、消費者の双方からの評判や信用が落ちる　**→売上に影響**
- 調停や訴訟を提起される　**→多大な時間・労力・コストの発生**
- 行政の指導・勧告や懲戒処分を受ける　**→仕事どころではなくなる場合も**
---

2 引渡し後のアフターサービスまで含めた事業計画が重要

　契約から工事、引渡しまでを適切に進めることは当然として、引渡した後にも住んでいれば不具合や問題は必ず発生します。住宅・リノベーションを事業として行う場合、必ずアフターサービスを前提にした事業計画を立てることが重要です。

　工事中でも引渡し後でも、問題が起きた場合の対応が、その会社の明暗を分けます。リノベーション協議会の事務局に届く相談の多くは、もともとの問題の大小よりも、担当者と連絡がつかない、会社としての対応が悪いなど、その会社の対応に起因するケースがほとんどです。実際にそのようなケ

ースを調査していくと、担当者が1人で何とか対応しようとして会社に報告していなかった、会社として認識しながらも業務多忙で対応しきれなかったなど、会社としての体制に問題があることが多いのです。そのような企業は、過剰に売上を求めるあまり、アフターサービスやトラブルの発生を社員が報告しにくい状況や、すべてを担当任せにしている傾向があります。トラブルは必ず起こるものという前提で、そのトラブルを企業としていかに円滑に処理し、問題をいかに速やかに解決するかが重要になります。

　トラブル時の対応やアフターサービス対応を迅速かつ適切に処理できる企業は、逆に顧客・協力業者からの信頼や評判を得て、それが大きな強みとなり、中長期的には必ず売上にもプラスになります。

アフターサービスまで含めた事業体制の構築

- 相談窓口の設置（問合せ窓口・受付時間などを明示）
- 対応マニュアルの整備（責任者の明確化、社内の対応フロー、記録の方法）
- 従業員教育（どんなクレームが多いかなど、社内勉強会の開催、社外研修会への参加など）

相談窓口の見本

皆様からのご相談は下記のTEL・メールにて受け付けております。
お気軽にお問い合わせください。

お問い合わせ先：
株式会社○○リノベーション
カスタマーサービス部門
午前10時から午後18時まで（土日祝を除く）
TEL：○○○○○○○
メール：info@○○.co.jp

3　問題を未然に防ぐために

　上記にも述べたとおり、住宅リフォーム・リノベーション事業はクレーム産業ともいわれるほど、クレームやトラブルは必ず起こるものという認識が必要です。しかしながらそれを減らすことは十分可能です。

　たとえば、最も多いクレームの1つに、「言った」「言わない」などコミュニケーション不足や認識の齟齬による問題があります。既存住宅のリノベーションでは、単純に設備を入れ替えるリフォームとは異なり、お客様とのコミュニケーションもより頻に、かつ、こまめに取ることが必要になります。その際、お客様にとってデメリットや不利益になることほど、しっかりと丁寧に伝えておくことが重要です。特に、自由設計でリノベーションの設計・施工を請け負う場合は、契約前から竣工まで長い期間にわたって、そのお客様と一緒にプロジェクトを進めていくことになります。自社のリノベーションで提供する価値観がそのお客様ときちんと共有できているのかを、事業者側でも見極めることが重要なポイントになります。

安心R住宅とは

☑ 安心R住宅は要件を満たした販売中の既存住宅に標章を表示する制度
☑ 国土交通省が定めた制度で、業界団体を通じて運営されている
☑ 売主側の宅地建物取引業者（構成員）によってのみ登録が可能

1 安心R住宅（特定既存住宅情報提供事業者登録制度）とは

　国が定めた基準に基づき、耐震性があり、インスペクション（建物状況調査等）が行われ、リフォームなどについて適切に情報提供が行われて販売される既存住宅を、「安心R住宅」として表示する制度です。国に登録した団体に所属する構成員（宅地建物取引業者）が利用できます。安心R住宅の登録は、売主もしくは売主から専任媒介で売却を依頼された構成員（宅地建物取引業者）のみが可能です。物件ごとに登録団体が定める安心R住宅調査報告書を作成してから売却契約が終了するまでの期間、その販売中の物件広告でのみ表示できることになっています。

2 安心R住宅の要件

　基礎的な要件（耐震基準の適合、構造上の不具合がないこと＝既存住宅売買瑕疵保険の契約を締結するための検査基準に適合していること）のほか、団体ごとにリフォーム工事実施判断基準を定めることと、表示をする物件には必ず安心R住宅調査報告書を作成することが義務付けられており、既存住宅に特有の、不安、汚い、分かりにくいといったマイナスイメージを一掃することを意図した制度となっています。
　「安心R住宅」の具体的な要件は、以下です［表1］。

表1：「安心R住宅」の要件

不安の払拭	汚いイメージの払拭	分からないイメージの払拭
耐震性：建築基準法の耐震基準に適合していること **構造上の不具合**：既存住宅売買瑕疵保険契約を締結するための検査基準に適合していること **（共同住宅の場合）**：管理規約、長期修繕計画を有すること。情報を開示できること	リノベーション・リフォーム工事によって従来の「汚い」イメージが払拭されていること（団体ごとにリフォーム実施判断の基準を定めている） 工事を実施していない場合は、提案書を作成する。外装、主たる内装、水廻りの現況写真が閲覧できる	設計図書、点検の記録など、物件選びに役立つ情報の保管状況等が記載された書面（「安心R住宅調査報告書」）を作成するとともに、住宅購入者の求めに応じて情報の内容を開示する

安心R住宅
安心R住宅の
ロゴマーク

「適合R（リノベーション）住宅」と「安心R住宅」との違い

　同じ「R」を使って表記されることから、事業者のなかにも「適合R住宅」と「安心R住宅」を混同されている人をしばしば見かけます。個人の方でも今はインターネットを使えばすぐに調べられるので、リノベーションに携わる事業者であれば聞かれても答えられるように、それぞれのポイントを正しく理解しておきましょう［表2］。

表2：「適合R住宅」と「安心R住宅」の違い

	適合R住宅	安心R住宅
コンセプト	検査・工事・保証など統一規格に則り、住まいの見えない部分の「安心」を	既存住宅の購入に基礎的な品質（耐震性・構造）の「安心」を
対象	リノベーション済みで販売される既存住宅またはリノベーション工事	販売される既存住宅
運営	リノベーション協議会（独自基準）	国土交通省（登録団体であれば使用できる）

　「適合R住宅」は、リノベーションされた住宅の基本性能（＝重要インフラ：電気・ガス・水道など）に基準を設けているのに対して、「安心R住宅」は販売される既存住宅について、耐震性、躯体の劣化状況に基準（既存住宅売買瑕疵保険の検査基準）を設けています。両方のマークが表示されているマンションは、より安心といえます［表3］。

表3：「適合R住宅」と「安心R住宅」要件早見表

	新耐震基準適合	瑕疵保険（既存住宅売買瑕疵保険）	重要インフラ検査	重要インフラ保証	住宅履歴図書
R1住宅（マンション専有部分）	―	―	◎	◎	◎
R3住宅（マンション1棟全体）	◎	◎	◎	◎	◎
R5住宅（戸建住宅）	◎	◎※	◎	◎	◎
安心R住宅	◎	○	―	―	―

◎：必ず付帯　○：利用できる　―：問題なし　　　　　　＊売買が伴わない場合を除く

7-6 住宅リフォーム事業者団体登録制度

1 住宅リフォーム事業者団体登録制度とは

住宅リフォーム事業の健全な発達および消費者が安心してリフォームを行うことができる環境の整備を図るために、2014年9月、国土交通省の告示により「住宅リフォーム事業者団体登録制度」が創設されました。

本制度は、リフォーム事業者などで構成される業界団体を通じて運営・管理されています。はじめに審査を受けた団体が国土交通省に登録され、各団体が要件を満たした住宅リフォーム事業者を構成員として登録する仕組みです。構成員はロゴマークを使用することができるほか、国土交通省や各自治体や各団体のホームページで紹介されます。消費者にとってはリフォーム事業者を選択するときの判断材料の1つになります。

住宅リフォーム事業者団体のロゴマーク

2 住宅リフォーム事業者の遵守事項

登録住宅リフォーム事業者（構成員）には次のような遵守事項が定められています。

- **工事請負時の請負契約の締結**
- **見積書の交付**（工事内容、内訳の分かるもの）
- **リフォーム工事瑕疵保険契約の締結**

  →住宅居住者などから請け負った住宅リフォーム工事の請負代金の額が500万円［※］を超える場合、下記のいずれかの対応が必要になります。

  ❶ リフォーム工事瑕疵保険契約を締結する

  ❷ 注文者にリフォーム瑕疵保険を説明したうえで、注文者が加入しない意思を示していることを書面で残す

リフォーム瑕疵保険未加入の了承書イメージ（書式は任意。電磁的な方法も可）

※ マンション共用部分の場合は100万円×住戸数もしくは1億円のいずれか低い金額。金額は登録団体により異なる

意外と知られていない その他の業界団体

COLUMN

　住宅業界、不動産業界、建築業界など、それぞれの業界にはさまざまな業界団体があります。これまでも述べてきたように、リノベーションでは、不動産、建築のみならず、さまざまな業界の幅広い知識が求められます。どんな団体があり、どんな活動をしているのかを知っておくと、いざというときに役に立つこともたくさんあります。参考までにリノベーションでかかわることが多い、その他の主な団体を紹介します。

■住宅リフォーム事業者団体登録制度

　左頁で紹介した「住宅リフォーム事業者団体登録制度」には、16の団体が登録していますが（2022年6月1日時点）、その登録団体を包括的に取りまとめている一般社団法人住宅リフォーム推進協議会という団体があります。そこでは、お客様向けに登録団体の紹介、各団体に所属するリフォーム会社の紹介のほか、リフォーム実務に必要な契約書などの各書式、事業者向けの書籍、消費者向けの啓蒙ツールなどが提供されています。

住宅リフォーム事業者団体登録制度（一般社団法人住宅リフォーム推進協議会）
https://www.j-reform.com/reform-dantai/

■リフォーム系
一般社団法人 日本住宅リフォーム産業協会（ジェルコ）：リフォームに特化した全国組織
https://www.jerco.or.jp/
一般社団法人 マンション計画修繕施工協会：大規模修繕に強み
http://www.mks-as.net/
日本木造住宅耐震補強事業者協同組合（木耐協）：木造耐震補強に強み
http://www.mokutaikyo.com/
■不動産・流通系
一般社団法人 優良ストック住宅推進協議会（スムストック）：大手ハウスメーカー系による既存住宅活性化
https://sumstock.jp/
公益社団法人 全日本不動産協会（全日）：ウサギのマークで知られる不動産団体
https://www.zennichi.or.jp/
公益社団法人 全国宅地建物取引業協会連合会（全宅連）：ハトのマークで知られる不動産団体
https://www.zentaku.or.jp/
■メーカー・建材系
一般社団法人 リビングアメニティ協会：住宅設備メーカー・建材会社などによる団体
https://www.alianet.org/
■テック系
一般社団法人 不動産テック協会：不動産業とデジタル技術の融合を図る団体
https://retechjapan.org/

一般社団法人 リビングテック協会：「人々の暮らしをテクノロジーで豊かに」することがコンセプト
https://www.ltajapan.com/
■断熱・省エネ系
一般社団法人 住宅性能評価・表示協会：住宅性能評価・長期優良住宅・BELSなどを認定
https://www.hyoukakyoukai.or.jp/
一般社団法人 パッシブハウスジャパン：省エネ住宅「パッシブハウス」の研究・普及
https://passivehouse-japan.org/
■インスペクション
NPO法人 日本ホームインスペクターズ協会：住宅インスペクションの普及・推進
https://www.jshi.org/
■インテリアコーディネーター
公益社団法人 インテリア産業協会：インテリアコーディネーターを育成
https://www.interior.or.jp/
■国・公共団体・その他
公益財団法人 住宅リフォーム紛争処理支援センター：「住まいるダイヤル」を運営
https://www.chord.or.jp/
一般財団法人 住まいづくりナビセンター：「リフォーム評価ナビ（WEBサイト）」を運営
https://www.refonavi.or.jp/
一般社団法人 環境共創イニシアチブ：主に経済産業省主導の支援事業を推進
https://sii.or.jp/

執筆：一般社団法人 リノベーション協議会　武部裕行

7章　関連法規・制度

一般社団法人
リノベーション協議会とは？

建設・不動産の垣根を越え、リノベーションをキーワードにこれからの住宅市場を担っていく事業者が集まり、消費者が安心して選べるリノベーション・既存住宅の市場をつくり、既存住宅の流通活性化を図っています。

協議会の活動と趣旨

　一般社団法人リノベーション協議会は、建設事業者、不動産事業者だけでなく、住宅設備メーカー、メディア、金融機関、検査機関など、幅広い業種の事業者が集まり、リノベーションに関する技術や手法などの標準化、調査研究、普及活動などを行っています。

　既存ストックの性能や価値の再生および向上によって、誰もが自分の価値観に合わせて、自由に、安心して住まい選びができる市場をつくるために、会員事業者が切磋琢磨し、個社ではできない活動を行っています。

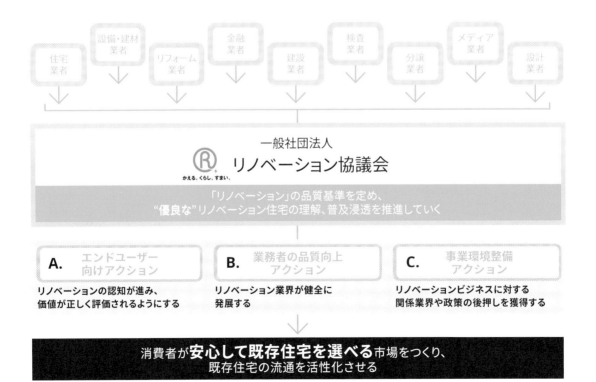

活動内容

① 適合リノベーション住宅（R住宅）の活用

R1・R3・R5マークは、当協議会の定める優良なリノベーション基準に適合している目印です。すでに約68,000件（令和5年4月現在）が発行されています。正会員であれば、販売物件や請負物件を「適合リノベーション住宅」として登録できます。2022年に、省エネに関するR1住宅エコ基準が新たにできました。

R1住宅
（マンション専有部分）

R5住宅
（戸建て住宅）

— 適合リノベーション住宅導入の意義 —

1. 業界標準の安心を提供することが可能になります
2. 品質・技術水準の向上、標準化を図ることができます
   ・検査ガイドブック、図面参考資料、保証書標準書式
   ・WEB発行システムの利用可能

R3住宅
（マンション一棟共有部分）

R1住宅エコ
（マンション専有部分）

② リノベーションビジネスセミナー

当協議会では、改正アスベスト法対策や、脱炭素・省エネなど最先端の情報はもちろん、リノベーション事業や既存住宅流通事業で実践的に使えるノウハウや知識を詰め込んだリノベーションビジネスセミナー（RBS）を数多く開催。オフラインでのセミナー終了後は、リノベーションビジネスの最前線で活躍するプレーヤーの生の声が聞けるビジネス交流会なども開催し、普段なかなか聞けない業界内の同業他社の声が聞ける貴重な場となっています。オンラインでのセミナーも数多く開催し、会員サイトではセミナー動画アーカイブが視聴できます。

さらに、2019年にスタートした会員企業による会員企業のためのセミナー「リノベのススメ」も、これまでに50回以上開催し（2022年3月時点）、会員企業がもつノウハウを共有、業界全体の品質・知識レベルの向上を図っています。

③ リノベーション・オブ・ザ・イヤー

リノベーション・オブ・ザ・イヤーとは、その1年を代表するリノベーション作品を価格帯別に選定するコンテストです。選考ではSNSも活用し、リノベーションの魅力、可能性を広く発信するとともに、事業者同士がそのSNSでの発信力や伝え方を競うことで、リノベーションの施工やデザインだけではなく発信力のレベル向上も図っています。また、メディアの編集長が選ぶ受賞作からは、その年以降のリノベーションのトレンドを知ることができ年々注目を集めています。

④ エリア委員会

北海道、東北、信越、北陸、東海、関西、中国四国、九州沖縄の各エリアでは、地元エリアの会員事業者が主体となり、事例見学会、勉強会、交流会を企画・開催しています。エリアごとだけでなく、エリアを越えた全国のリノベーション事業者のネットワークが大きな力になっています。

おわりに

世のため人のために

住まいを探す人は、現在かかえている住まいに関する問題を解決したいと思っています。また、当然ですが生活スタイルに合った家を探しています。賃貸であれば"今"に合わせた住まいでもよいですが、購入する、もしくは、つくる場合は、"未来"をとらえる必要があるのではないでしょうか。お客様の生活スタイルの変化に合わせて間取りを変更する、将来売却できる住まいをつくる―、このような未来を見据えて提案するのがリノベーションコーディネーターの役割であると考えています。そして、未来を見据えることは、お客様の幸せを第一に考えることにつながります。目の前の人を幸せにできる人は、幸せな人に囲まれ、自身も幸せであるはずです。その幸せの連鎖は、リノベーション業界にもよい影響を及ぼすはずです。憧れられるビジネス、業界にするために、本冊子が多くの方の一助になれば幸いです。

執筆者一覧

伊福澄哉（株式会社TEI Japan）／臼田英司（株式会社ニューユニークス）／内山博文（Japan. asset management株式会社）／浦川貴司（株式会社リビタ）／大島芳彦（株式会社ブルースタジオ）／小津誠一（有限会社 E.N.N.）／的場敏行（株式会社NENGO）／三浦隆博（リノべる株式会社）／百田好徳（株式会社エコラ）／山本武司（株式会社シンプルハウス）／武部裕行（一般社団法人リノベーション協議会）

スタッフ

デザイン	坂内正景／浜先貴之
取材・文	植本絵美／加藤泰朗／高橋かずえ／松川絵里
図　版	長岡伸行
印　刷	シナノ書籍印刷

リノベーションコーディネーターハンドブック

2023年8月10日　初版第1刷発行
編　著　一般社団法人リノベーション協議会
発行者　澤井聖一
発行所　株式会社エクスナレッジ
〒106-0032東京都港区六本木7-2-26
https://www.xknowledge.co.jp/

[問い合わせ先]

編集部	販売部	広告部
TEL：03-3403-1343	TEL：03-3403-1321	TEL：03-3403-1343
FAX：03-3403-1345	FAX：03-3403-1829	FAX：03-3403-1828

info@ xknowledge.co.jp